KB036568

최소한의 심리학

...

...

# 1

# 헤비메탈을 듣는 방법

온종일 음악과 함께 사는 인생은 어떨까.

젊은 시절, 내 머릿속은 온통 그것에 대한 물음표로 가득 차 있었습니다. 록, 힙합, 재즈, 리듬 앤 블루스, 레게…. 수많은 악기로 만든 음악에 기대어 사는 인생이란 제가 오래전부터 꾸었던 꿈이었고, 그 꿈은 그저 상상하는 것만으로도 그 시절의 내게 크나큰 행복을 가져다주었습니다.

당신은 세상에서 가장 큰 불행이 무엇이라고 생각하십니까? 연인 혹은 가족처럼 소중한 누군가를 한순간에 영영 잃는 것, 돌이킬 수 없는 잘못을 저질러 평생을 죄인으로서 죽음과도 같은 비참한 삶을 살아야 하는 것, 어마어마한 재산을 몽땅 다 잃고 빈털터리가 되는 것….

세상에는 수많은 행복과 같은 숫자의 불행이 흩뿌려져 그것은 사람을 나약하게도 만들고, 때론 오히려 더 강하게 만들어주기도 합니다. 어떤 불행이 세상에서 가장 큰 불행인지는 아마 사람마다 받아들이는 주관적인 차이가 있을 거로 생각해요.

제가 생각하는 가장 큰 불행은, 소리를 듣지 못하는 것입니다. 아, 절대 농인들을 비하하기 위한 나쁜 목적으로 하는 말은 아닙니다. 그들에게도 나름의 행복을 추구할 권리가 있으니까요. 저는 다만, 음악을 좋아하는 내가 만약 음악을 들을 수 없는 사람으로 생을 살아간다면 불행했을 것 같다는 이야기를 하고 싶은 겁니다.

저는 대학가에서 레코드 매장을 운영하고 있습니다.

한때는 가장 많은 수익을 냈지만 지금은 사람들이 거의 찾지 않는 카세트테이프, 90년대 후반 때부터 지금까지 가장 큰 매출을 차지하는 CD, 음반시장에서 깡그리 다 사라진 줄 알았지만 언젠가부터 복고가 유행하면서 다시 인기를 얻고 있는 LP까지, 제가 운영하는 매장의 레코드 종류는 다양합니다. 새 음반은 물론이거니와 중고 음반도 판매 중이고, 레코드를 들을 때 필요한 카세트 플레이어, CD 플레이어, LP 턴테이블, 이어폰, 헤드셋 같은 음향기기까지 구비되어 있습니다.

그리고 저의 아름다운 레코드 가게에는 항상 음악이 흐릅니다. 가게 문을 여는 오전 10시부터 문을 닫는 오후 10시까지 거의 종일 음악을 들을 수 있으니 저는 음악과 함께하고자 하는 꿈을 달성한, 성공한 인생을 살고 있는 것입니다.

사실, 어린 시절의 저는 악기를 다루거나 노래를 부르면서 살고 싶었어요. 비록 가난하고 힘들더라도 자유로운 영혼의 삶을 살고 싶었습니다. 하지만 '음악가'라는 직업이란, 무엇보다 음악에 대한 소질을 기본적으로 타고나야 가질 수 있더군요. 악기를 요령 있게 다룰 수 있는 길고 유연한 손가락, 음을 올바르게 잡을 수 있고 그 음악을 피아노나 기타 따위의 악기 위로 정확히 옮길 수 있는 예리한 음감, 수많은 사람을 순식간에 홀리게 만드는 마력을 지닌 목소리까지 저는 음악인으로서 타고난 소질이라고는 그 어떤 것도 찾을 수 없었어요.

  하지만 음악을 향한 저의 꿈은 쉽사리 포기할 만큼 그리 나약한 것이 아니었습니다. 저는 20대 시절 3년간의 연애 끝에 지금의 아내와 결혼을 약속할 즈음, 그동안 모은 돈과 은행 대출금을 합쳐 대학가에 레코드 가게를 열었습니다. 지금 군대에 가 있는 큰아들이 스물두 살이고, 작은아들이 열여덟 살이 되었으니 제가 이 레코드 가게를 운영한 지도 벌써 20여 년이 흘렀네요.

  저는 물론이거니와 제 아내와 두 아들 녀석을 포함한 가족들 모두 음악 듣는 것을 무척 좋아합니다. 저는 너바나, 라디오헤드, 메탈리카의 강렬한 록 음악들을 좋아하고, 아내는 김동률과 성시경의 감미로운 목소리의 매력이 묻어나는 발라드 장르의 노래를 좋아하고, 큰아들은 R&B를, 작은아들은 자기 또래의 친구들이 즐겨 찾는 힙합을 좋아합니다.

우리 가족은 가끔 시간 맞춰서 외식하고 기분도 낼 겸 2차로 노래방도 가는데, 다들 각자가 좋아하는 노래를 한 곡씩 번갈아 부르고 있노라면 '이래서 음악이란 것이 우리네 인생에서 참 필요한 것이로구나' 하는 생각이 듭니다. 이 좋은 음악을 온 가족이 누구 하나 빼놓지 않고 건강하게 즐긴다는 것이 그저 감사할 따름입니다. 솔직히, 저까지 포함해서 가족들 모두가 그렇게 자랑할 만한 노래 실력은 아니에요. 그렇지만 못하면 또 어떻습니까. 서로가 즐거우면 그게 노래고 음악인 거죠. '음악'이란 한자의 뜻도 '音樂', 바로 음을 즐긴다는 뜻이니까요.

저의 레코드 가게를 찾아오는 손님 또한 다양합니다.

교복을 입고 기대에 부푼 표정으로 우르르 몰려와 좋아하는 아이돌 그룹 CD를 사는 10대 청소년에서부터 서로 다정히 팔짱을 끼고 오는 젊은 커플 그리고 가족 단위의 손님, 내 또래의 40, 50대 손님 또 가끔 나이 지긋한 어르신들이 찾아올 때도 있지요. 손님들의 연령대와 종류도 다양하듯, 손님들이 찾고자 하는 음반 또한 제각각입니다.

저처럼 록 음악을 좋아해 록 음반을 찾는 손님, 아내의 취향인 부드럽고 진한 목소리의 가수가 부르는 발라드 음반을 찾는 손님, 큰아들이 좋아하는 R&B 음반을 고르는 손님, 작은아들처럼 힙합 음반을 찾는 손님, 흘러간 옛 노래를 듣고 싶어 중고 음반 코너에서 서성이는 손님도 있죠. 모두 그렇게 각자가 좋아하는 음악적 취향의 음반을 찾아 듣습니다.

카세트테이프든, CD든, LP든, MP3나 음원사이트가 아닌 음반으로 음악을 듣고자 하는 사람들의 공통된 심리는 바로 음악을 소유하고 싶은 마음일 것입니다. 음원사이트나 MP3가 아무리 간편하고 편리하더라도, 음원을 값을 치르고 샀더라도, 정작 제 손아귀에 쥐고 있는 것이 없으면 그것을 온전히 가졌다고 받아들이지 못하는 사람들이 있습니다. 디지털 음반시장이 아무리 발전한다 해도 아날로그 음반시장이 아직도 여전히 존재하는 까닭은 바로 그런 아날로그 인간이 존재하기 때문입니다.

자기가 좋아하는 음악을 듣고 싶어 하는 것, 음악을 잘 만들거나 노래를 구성지게 잘 부르거나 악기를 훌륭하게 다루는 재주 따위는 없어도 그들의 영혼을 잠시나마 자유롭게 날아오르게 해주는 음악을 가지고 싶은 것, 그게 저의 레코드 가게를 찾는 손님들의 공통된 바람이겠죠.

우리 레코드 가게는 아르바이트생이 한 명도 없습니다. 결코 작지 않은 매장임에도 아르바이트를 쓰지 않는 것은 딱히 궁색한 이유가 있어서가 아니라, 굳이 아르바이트를 쓸 필요가 없기 때문입니다. 장르별, 시대별, 최신 음반과 중고 음반 그리고 가격별대로 제가 꼼꼼하게 다 분류해두고 표시를 해두었기 때문에 손님이 찾고자 하는 의지만 있다면 저희 가게에서는 손님이 원하는 음반을 그리 어렵지 않게 찾을 수 있습니다.

그리고 무엇보다 가장 큰 이유는, 제가 손님들이 원하는 레코드를 찾아주고 레코드를 매번 소중하게 닦아주며 레코드 가게에 머무는 일을 누구보다 사랑하기 때문입니다.


평일은 아무래도 주말보다 한산한 편이에요.

더군다나 근처 대학교가 여름방학 중인 지금은, 더 한가합니다. 즐거운 약속을 잡기도, 친구들과 커피를 마시며 수다를 떨기도 어중간한 시간. 목요일 오후 3시만큼 모호한 시간은 없습니다.

물론 그렇다고 해서 그 모호한 시간에 손님이 찾아오지 말라는 법이 따로 있는 것은 아닙니다.


오후 3시는 점심을 먹고 난 뒤, 낮잠을 자기 딱 좋은 시간

**1. 헤비메탈을 듣는 방법**

입니다.

저는 근처 중국집에서 점심으로 자장면을 사 먹고, 후식으로 우리 매장 맞은편 카페에 잠깐 들러 아이스 아메리카노를 사 들고서 가게로 곧장 돌아와 그것을 마셨습니다.

아무리 카페인이 잔뜩 든 검은 커피를 큰 사이즈 컵으로 벌컥벌컥 마셨어도, 타는 듯이 무더운 8월의 여름날 오후 속 시원한 에어컨 바람이 뿜어져 나오는 레코드 가게에 앉아 쏟아지는 졸음은 도무지 어쩔 수가 없습니다.

화창한 봄 햇살을 가득 머금은 골목 한 모퉁이의 나른한 길고양이처럼 레코드 가게 카운터 자리에 앉아 꾸벅꾸벅 졸고 있을 즈음, 게슴츠레 뜬 눈꺼풀 사이로 입구 쪽에서 누군가가 들어서는 광경이 희미하게 보였습니다.

8월 첫째 주 목요일 오후 3시에 우리 가게를 찾은 손님은 한 명이었습니다. 우리 큰아들 녀석과 비슷한 또래로 보이는 아가씨 손님이었죠.

서점이나 옷가게 같은 다른 종류의 가게들이 그러하듯 우리 레코드 가게에서도 처음에는 손님들이 알아서 원하는 상품을 찾습니다. 진열장 위에 표시해 분류해둔 대로 찾아서 카운터로 가져오시면 됩니다. 원하는 것을 찾다가 도저히 그게 어디 있는지 모르면 그땐 주저하지 말고 얼마든지 저를 부르시면 돼요. "99년에 나왔던 김〇〇 1집 데뷔 앨범 CD

를 찾습니다, 87년에 나온 영국 록 밴드 ○○○ 3집 LP를 찾기 힘드니 도와주세요" 이렇게 말이죠. 그럼 제가 바로 달려가서 손님이 구하고자 하는 그 음반을 찾아드립니다. 악기를 다루는 실력이나 가창력 같은 음악적 재능은 있을 리 만무하지만, 숨 막힐 듯 **빽빽한** 레코드 숲 속에서 음반을 찾아내는 능력은 타고났으니까요.

그 손님도 다른 손님과 다르지 않게 자신이 구하고자 하는 특별한 음반을 찾느라 진열대 사이를 누비고 다녔습니다. 긴 생머리, 귓불에 얌전히 붙은 높은음자리표 모양의 은 소재 귀고리에 새하얀 블라우스와 무릎까지 내려오는 분홍색 주름스커트 그리고 옅은 화장. 그저 평범한 여대생이라 믿어 의심치 않았습니다. 그 친구가 음반을 고르는 사이, 또 한 명의 여자 손님이 들어왔습니다. 군인만큼이나 파격적으로 짧게 자른 커트머리에 타이트한 검은 가죽바지와 유명한 흑인 뮤지션 얼굴이 큼지막하게 박힌 헐렁한 티셔츠 그리고 양쪽 귀에 달랑거리는 커다란 링 모양 귀고리. 입술에 바른 빨간 립스틱만 아니었더라면 영락없는 사내로 보일 법한 아가씨였어요.

두 사람은 친구 사이로 보였습니다. 매장 입구에 들어선 커트머리 아가씨는 먼저 와 있는 긴 생머리 친구의 뒤로 살금살금 걸어가 음반 찾기에 열중하는 그 친구의 어깨를 탁,

**1. 헤비메탈을 듣는 방법**

쳤습니다. 긴 생머리는 그때야 뒤돌아보고 그 친구를 발견하곤 생긋, 미소를 짓더군요. 아마 함께 여름방학을 보내고 있을 그 친구들은 그렇게 밖으로 나와서 쇼핑도 하고 맛있는 것도 먹고 재미있는 영화도 보러 갈 테지요. 생기발랄한 그 친구들을 보니, 군대에 있는 그 또래의 큰아들 녀석이 자꾸만 떠올랐습니다.

두 친구는 아주 작은 목소리로 말하는 모양인지 내가 앉아 있는 카운터까지 둘의 대화가 잘 들리지 않았습니다. 아니면 매장 안에 울리는 음악 소리가 너무 컸던 탓일 수도 있겠고요.

저는 음반매장을 오래 경영하면서 생긴 습관이 있습니다.

바로 손님의 외형만을 보고 그 사람의 음악적 취향을 미리 짐작하는 습관이죠. 예를 들어, 검은 선글라스를 끼고 과감한 민소매 티셔츠를 입은 청년이라면 그 청년의 음악적 취향은 하우스나 일렉트로닉 장르의 클럽음악입니다. 발목까지 내려오는 긴 치마를 입은 30대 초반 여성이라면 그 손님의 음악적 취향은 달콤한 목소리의 남자 가수가 부르는 잔잔한 발라드죠. 물론 저의 이 습관의 정확도가 100% 맞는 것은 아닙니다. 신나는 아이돌 음악을 좋아할 법한 여중생 친구가, 뜬금없이 자기 아버지 취향의 80년대 포크송 음반을 듣고 싶다고 구하는 경우도 있었습니다.

그래도 내 촉이 아직 쓸 만하다면, 긴 생머리에 새하얀 블라우스와 분홍색 주름스커트를 입은 친구는 조용한 발라드를 좋아할 것 같았습니다. 그리고 커트머리에 흑인 뮤지션 티셔츠와 검은 가죽바지를 입은 친구는 온몸의 근육을 쿵쿵 두드려주는 힙합이나 메탈 같은 강한 음악 취향의 소유자일 것 같았어요.

둘이서 한창 이야기를 하던 중, 긴 생머리 친구가 커트머리 친구에게 고개를 절레절레 흔들었습니다. 그 고갯짓이 너무나도 단호해 보여, 제 눈에는 그 얌전해 보이던 긴 생머리 친구가 무슨 영문인지는 모르지만 무척 속이 상한 듯 보였습니다. 저는 카운터에서 일어나, 그 두 사람에게로 먼저 다가 갔습니다.

"뭐 찾으시는 음반이 있나요?"

내가 다가가자, 커트머리 친구가 먼저 고개를 내게 돌렸습니다. 그보다 한 박자 더 늦게, 긴 생머리 친구가 고개를 돌리고 저를 봤습니다.

"굿바이 제리 2001년 라이브 콘서트 음반을 찾는데…. 혹시 구할 수 있을까요?"

커트머리 친구가 말했습니다. 그래, 내 촉이 맞았군. '굿바이 제리'는 헤비메탈을 주로 다루었던 미국의 록 밴드죠. 헤비메탈 장르의 특성상, '굿바이 제리'라는 록 밴드도 사실 그

**1. 헤비메탈을 듣는 방법**

리 대중화된 가수는 아니지만 잘 알려지지 않은 것에 비해 음악성이 꽤 탄탄해서 마니아층에서는 제법 두둑한 지지를 얻고 있는 가수였습니다. 헤비메탈 장르에 익숙지 않은 사람의 귀엔 그들의 음악이 그저 곤한 잠이 든 고요한 밤중에 느닷없이 도시 한복판을 질주하는 폭주족 오토바이 소리만큼이나 요란하게 들릴 테지만요. 커트머리 친구가 찾는 그것은 바로 그 친구에게 딱 어울리는 음악이었습니다. 그때까지도 저는 내 촉이 이번에는 정확히 맞춘 거로 생각했습니다.

"굿바이 제리 2001년 라이브 콘서트 음반이라면… 새 음반은 없고, 중고 음반 코너에 가면 찾을 수 있을 거예요."

저는 두 손님과 함께, 매입한 중고 음반을 따로 모아둔 코너로 향했습니다.

＊ ＊ ＊

중고 음반은 최신 음반과 다름없이 제가 나름 장르를 분류해놓긴 하지만 따로 시간을 들여 정리해야 할 만큼 그리 많은 양은 아닙니다.

음반은 그 속에 담긴 음악을 듣는 것도 좋지만, 그것의 진짜 가치는 바로 '소장'입니다. 즉, 음반은 소장가치가 있는 물건인 것이죠. 데뷔했던 70년대에는 무명 밴드였는데 아주 오랜 시간이 흐른 후 그들의 음악이 2000년대에 들어서야 유행하기 시작한 장르, 즉 시대를 초월한 음악이라는 것이 밝혀지고 이미 사라진 지 오래된 그 밴드가 재조명되면서 그 무명 밴드 데뷔 음반이 경매시장에서 천문학적인 가격에 책정돼 팔리기도 합니다.

1집만 내고 안타까운 죽음을 맞이한 가수가 오랜 시간이 흐른 후 그의 숨겨진 사연이 밝혀지면서 이제는 세상 어디에도 존재하지 않는 그 가수의 슬프도록 아름다운 목소리를 간직하기 위해 중고 음반 매장을 찾는 이들도 있습니다. 팬들의 열띤 요청에 힘입어, 그 가수의 기획사가 이미 발매가 중단된 지 오래된 그 음반을 재발매하는 경우도 있죠. 물론 가격은 처음 발매했을 때와는 배로 차이가 납니다. 비싼 재발매 음반이 아닌 그 시절 이미 구입해 가지고 있는 초판은 드물어서 매우 귀한, 말 그대로 '희귀 음반'이 되는 것입니다. 그래서 그런 중고 음반의 가치를 아는 사람은, 자신이 소장한 중고 음반을 쉽사리 시장에 다시 내놓으려 하지 않습니다.

중고 음반 코너까지 걸어가는데 내 등 뒤에서는 계속 커트머리 친구의 목소리만 들려왔습니다. 긴 생머리 친구는 아까부터 조용했어요. 아니, 두 사람이 매장을 들어서고 나서부터 나는 그 친구가 말하는 것을 보지 못했던 겁니다.

그때야, 저는 알아차렸습니다.
긴 생머리 친구가 소리를 듣지 못한다는 것을요.

커트머리 친구는 아까부터 시종일관 또박또박하고 천천히, 입 모양을 최대한 정확하게 하려고 노력하면서 긴 생머리 친구에게 말하고 있었습니다.
"네가 찾는 게, 2001년에 나온, 굿바이 제리, 라이브 앨범 맞지?"
긴 생머리 친구는 커트머리 친구의 얼굴을 보면서 그 친구의 끊임없이 이어지는 수다에 고개만 끄덕였어요.

그리고 저는 또다시 내 짐작이 빗나갔다는 것을 알게 되었습니다. 헤비메탈 록 밴드 굿바이 제리 라이브 앨범을 구하고자 하는 친구는 커트머리 친구가 아니라 긴 생머리 친구였던 것입니다.
저는 두 귀를 의심했습니다. 아니, 소리를 듣지 못하는 저 친구가 헤비메탈을 좋아한다고? 헤비메탈은커녕 모던록도 잘 들을 수 없을 텐데.

저와 두 손님은 코너에 진열된 중고 음반을 샅샅이 뒤졌지만, 그 긴 생머리 친구가 찾는다던 2001년 발매된 굿바이 제리 라이브 앨범은 결국 그날 찾지 못했습니다. 두 친구는 실망한 기색이 역력한 표정을 지었습니다. 특히, 긴 생머리 친구의 얼굴은 실망을 넘어 절망의 그늘까지 엿보였습니다.

"연락처를 남겨주시겠어요? 새 음반은 들어오는 날짜가 정해져 있지만, 중고 음반 같은 경우는 언제 물건이 들어올지 모르거든요. 아니면, 제가 아는 다른 매장에 한번 찾아볼게요. 그리고 중고 음반은 운이 좋으면 하루에도 수십 장씩 많이 들어올 때도 있으니까, 손님이 구하시는 그 음반도 아마 금방 찾을 수 있을 거예요."

두 친구는, 내가 건넨 희망의 말 한마디에 다시 살며시 안도의 미소를 지었습니다.

그들이 구하고자 하는 중고 음반이 우리 가게에 없다는 게 딱히 내 잘못은 아니었지만, 그래도 미안한 마음이 드는 건 사실이었어요. 갖고 싶은 음반을 찾지 못하고 허탈한 발길을 돌려야 하는 심정, 저는 그것이 어떤 건지 너무나 잘 알고 있습니다. 그 손님들에게 꼭 구해주고 싶었습니다. 2001년 굿바이 제리 라이브 음반을.

긴 생머리 친구는 아쉬운 발걸음을 되돌리면서 가게 카운터 위 메모지에 자신의 휴대폰 번호를 남겨두었습니다.

010 - 2*** - 7***
2001년 굿바이 제리 라이브 음반 구하시면
이 번호로 문자 보내주세요. ^^

커트머리 친구가 다시 말했습니다. 전화 말고 문자로 꼭
보내주세요. 나는 그 두 친구의 눈을 바라보며 크게 고개를
끄덕였습니다. 두 사람이 돌아가고 난 뒤, 나는 한동안 긴 생
머리 친구의 메모를 뚫어지라 바라봤어요. 그 친구가 남긴
메모 마지막의 눈웃음이 왠지 서글퍼 보였습니다.

한국의 중고 음반 시장은 외국의 중고 음반 시장에 비해
솔직히 그리 활발하지 않습니다. 여러 이유가 존재하겠지만,
가장 큰 한 가지는 중고 음반을 포함한 한국 음반 시장의 움
직임 자체가 활발하지 않기 때문이지요. 그래도 그 가난한
중고 음반의 정글 속에서도 특정한 중고 음반을 찾고자 하는
확고한 목적을 가진 이는 반드시 그 보물을 찾아냅니다. '의
지의 한국인'이라는 말이 괜히 생겨난 게 아닙니다. 글쎄요,
그 말이 이 경우에도 어울리는지는 잘 모르겠습니다만.

그리고 저는 궁금했습니다. 소리를 듣지 못하는 친구가 음악을, 그것도 다소 청력에 부담을 줄 수 있는 록 장르 특히 강한 헤비메탈을 좋아하는 이유가 무엇인지.

저는 경주에서 태어나 그곳에서 고등학교까지 다녔습니다. 그러니까 거기서 20년이라는, 인생에서 아주 중요한 유소년기를 보낸 셈이죠.

처음에도 말했듯이 저는 음악적 재능 따윈 갖고 있지 않습니다. 다룰 줄 아는 악기라고는 겨우 리코더나 탬버린 따위가 전부고, 노래 한 곡조차 멋들어지게 부르지 못해요. 하지만 음악 듣는 것을 무척 좋아해 어릴 적부터 이 동네 저 동네 레코드 가게를 누비며 듣고 싶은 음반들을 찾아다녔습니다.

그 시절, 저의 친구들은 젊은 시절 모두 음악을 했던 친구들입니다. 왜 과거형으로 말하는지는 다들 눈치를 챘을 겁니다. 친구는 영원할 수 있지만, 직업이라는 것은 영원하기 힘듭니다. 음악을 하는 것도 천재적 능력과 쇠심줄보다 질긴 고집이 있다면 평생직업으로 삼을 수도 있겠지만, 현실적으로 보면 얼마든지 낭비해도 좋을 청춘 시절에야 어울리는 일이지 평생 그것만 하는 것은 아무래도 무리가 있죠.

그 시절 친구 중에는 지금도 종종 연락을 주고받으며 친하게 지내는 친구가 있는데, 그 친구도 청년 시절 그룹사운드에서 기타리스트로 활발히 활동하다 결혼한 후에는 그 생활을 접고 지금은 저처럼 음반매장을 하고 있어요.

저는 최신 음반과 중고 음반을 모두 취급하는 매장을 운영하지만, 그 친구가 운영하는 매장의 물품은 모두 중고 음반입니다. 그래서 저보다 중고 음반에 대해 더 빠삭한 친구예요. 저는 그 친구에게 도움을 청했고, 다음날 오전 11시 즈음 그 친구가 보낸 택배가 우리 가게에 도착했습니다.

저는 택배 상자를 열어 그 상자 안에 딱 맞춰 들어간 록 밴드 굿바이 제리 라이브 앨범 CD를 확인했습니다. 전체가 검은 바탕으로 된 앨범 재킷 윗부분에는 'GOODBYE JERRY'라는 밴드 이름이 붉은 색깔의 알파벳 대문자로 크게 적혀 있었고, 만화캐릭터 톰이 교활하면서도 후련해 보이는 미소를 지으며 잔뜩 겁에 질린 제리를 손아귀에 터질 듯 꽉 움켜쥐고 있는 디자인. 그래서 록 밴드 이름도 '굿바이 제리'인가? 맹랑한 생쥐 제리에게 만날 당하기만 하는 어리바리한 고양이 톰이 결국 제리를 제거해버린다는, 우리 음악이 당신들의 마음속 응어리를 시원하게 제거해주겠다는 뜻인 걸까. 나는 록 밴드 이름과 앨범 재킷 디자인을 제멋대로 해석하며 우스꽝스러우면서도 조금은 섬뜩한 굿바이 제리 라이브 앨범 재킷을 한참 동안 바라봤습니다.

흘러간 시간을 증명이라도 하듯 음반 케이스는 군데군데

긁혀 있고, 낡아 있었습니다. 그래도 우리 매장 중고 음반 코너에서도 보관 상태가 너무 좋지 않아 반값 이하로 파는 음반들보다는 제법 양호한 편이었습니다. 여러 번 열었던 흔적이 있는 뚜껑을 슬쩍 열어보았더니, 검은 디자인의 CD는 다행히도 긁힌 자국 없이 깨끗했습니다. 이 귀한 음반을 시장에 다시 내놓은 자세한 사정은 잘 모르겠지만 원래 주인이 이 음반을 얼마나 아꼈는지 고스란히 느껴졌습니다.

미개봉 음반도 아니고, 발매되어 구입한 지 시간도 꽤 오래되어서 벌써 사람의 손과 귀에 수없이 익숙해진 중고 음반이지만, 특정한 음반을 간절히 구하고자 하는 이들에겐 그것이 미개봉이건 아니건 그런 것 따위는 그다지 문제가 되지 않더군요. 그들의 절실함은 새것과 중고를 따로 구분하지 않습니다.

그리고 젊은 친구들이라면 아마도 인터파크나 알라딘 같은 온라인 중고 음반 매장은 이미 다 찾아봤을 겁니다. 그들이 알고 있는 수단과 방법으로 아무리 샅샅이 찾아봐도 없으니, 이곳까지 온 것일 테지요.

저는 음반을 보내준 그 친구에게 전화했습니다.

"용규야. 택배 잘 받았어."

"어, 지철이가? 택배 잘 도착했드나?"

"응. 2001년 굿바이 제리 라이브 앨범. 고맙다, 용규야. 가격이 어느 정도야? 내가 부쳐줄게."

"네하고 내 사이에 그기 뭔 소리고. 됐다, 마. 근데 손님이 구하는 기가?"

"응, 손님."

"그 밴드 완전 헤비메탈의 끝인데, 그 손님이 시커먼 머시마 아이가? 내 말이 맞제?"

그 친구가 내 이야기만 듣고 짐작을 하는 것이, 며칠 전 그 두 아가씨의 겉모습만 보고 내가 으레 짐작했던 광경과 너무 비슷해서 나는 그만 웃음을 터뜨리고 말았습니다.

"그래, 맞다. 네 맹크로 시커멓고, 내처럼 시끄러운 헤비메탈 좋아하는 머시마더라."

그 친구의 구수한 냄새가 물씬 풍기는 정답고 그리운 경상도 사투리를 듣고 있노라니, 저도 잊고 지낸 줄만 알았던 소년 시절의 억센 사투리가 입술 사이로 자연스럽게 흘러나왔습니다. 그럼요. 그 시절에 새겨진 말투나 취향 같은 것은 이미 너무나 단단하게 사람의 몸에 박혀버려 아무리 바꾸려 해도 쉽사리 갈아 끼울 수 있는 성질의 것이 아니게 되죠.

"철아, 언제 경주 함 내려온나. 만나가 쏘주 한잔 해야지."

"알았다, 인마. 내 조만간 쉬는 날 함 내려갈게."

우리는 구수한 경상도 사투리로 인사를 나누고는 전화를 끊었습니다. 그리고 전화를 끊은 후, 내 곁에는 굿바이 제리

라이브 앨범이 얌전히 놓여 있었습니다.

손님, 오늘 굿바이 제리 라이브 앨범 구했어요.
주소 알려주시면 제가 내일 아침에
편의점 택배로 부쳐드릴게요.

점심으로 집사람이 싸준 도시락을 먹으며 휴대폰 문자를
보냈습니다. 네, 맞아요. 음반 구하게 되면 전화 말고 문자를
꼭 보내달라던 그 긴 생머리 친구요. 저번에도 말했듯이 우
리 음반매장은 사장인 저 말고는 직원이 없어서 점심시간을
뺀 영업시간에는 오래 매장을 비울 수 없습니다. 편의점 택
배 접수 시간은 오후 5시까지니, 택배를 부치러 길 건너 편의
점을 가는 것은 출근하는 내일 아침에나 가능한 일이죠. 큰
길을 지나 소방서 옆 우체국까지 가는 건 상상도 못 할 일이
고요.
잠시 후, 답장 문자가 날아왔습니다.

택배로 보내지 마시고요.
제가 아르바이트 마치고 오늘 저녁에 들를게요.
굿바이 제리 라이브 구해주셔서 고맙습니다. ^^

내가 음반을 구했다고 하니, 저녁에 바로 가게로 오겠다고 그 친구가 이야기하더군요. 그럼요. 다 이해합니다. 구하고자 했던 중고 음반을 겨우 구했을 때, 오래되고 조그만 그것이 얼마나 거대하고 눈부신 빛으로 한 사람의 그늘진 영혼을 환하게 비추어주는지. 발걸음마저 저절로 움직이게 할 정도로 얼른 그것을 만나고 싶은 마음.

그날 저녁, 긴 생머리 친구가 음반매장을 찾아왔습니다. 그런데, 저번처럼 그 친구 곁에 커트머리 친구가 보이지 않았어요.

저는 당황했습니다. 소리를 듣지 못하는 이 친구에게 뭐라고 설명해야 하나. 내가 말을 해도 전혀 알아듣지 못할 텐데…. 어떡하지?

그때였습니다.

"천천히, 말씀해주시면, 제가 사장님, 입 모양 보고, 알아들어요."

할 말을 찾지 못한 채 머뭇거리는 제게, 그 친구가 뚝뚝 끊어지지만 제법 또렷한 발음으로 아주 천천히 말했습니다.

"같은 일을, 하는 친구한테, 부탁했어요. 너희 매장에, 이 음반, 있으면 나한테, 보내달라고. 그 친구가, 오늘 낮에, 보내줬어요."

저는 맛을 음미하는 미식가처럼 천천히, 또박또박 발음을 곱씹으며 록 밴드 굿바이 제리 라이브 앨범을 그녀에게 건 넸습니다. 긴 생머리 친구는 내가 처음 그녀를 본 날은 한 번도 볼 수 없었던, 세상을 다 끌어안은 듯 기쁨이 고스란히 담긴 미소를 짓고는 몇 번이나 내게 고개를 숙이며 '고맙습니다'라는 입 모양을 조용히 반복했습니다. 마치 내 귓가에 한 번도 정확히 듣지 못한 그녀의 목소리가 생생하게 들리는 것 같았어요. 그렇게 어렵게 구한 귀한 음반을 값을 치르고 그것을 가방에 소중히 담아 가게를 나서는 긴 생머리 친구의 뒷모습이 한층 눈부시게 빛났습니다.

　그날 밤, 저는 퇴근하기 전 카운터 컴퓨터의 인터넷으로 '록 밴드 굿바이 제리'를 검색했습니다. 그리고 저는 록 밴드 굿바이 제리의 보컬 글렌 크레이그에 대한 어떤 음악전문잡지의 기사를 읽게 되었습니다.

### - 굿바이 제리, 굿바이 글렌

　1996년에 결성된 4인조 헤비메탈 록 밴드 굿바이 제리. 그들은 1996년부터 2001년까지 헤비메탈 마니아층에서 열렬한 지지를 얻었던 미국 록 밴드다. 보컬, 기타, 베이스, 드럼으로 구성된 이 밴드는 활동 기간인 5년간 총 6장의 앨범을 냈다. 밴드 구성원 모두 천재적인 재능의 소유자지만, 그중에서도 보컬 글렌 크레이그의 능력은 헤비메탈 마니아들은 물론이거니와 록에 익숙지 않은 사람들에게까지 인정을 받았다. 보컬 글렌 크레이그의 능력이란, 바로 절대음감이었다. 거의 모든 악기를 다루는 것은 물론, 컴퓨터보다 정확한 그의 절대음감은 가히 타의 추종을 불허할 정도의 실력이었다.

하지만 무엇보다 글렌 크레이그의 매력은 목소리에 있었다. 다소 과격하고 험악한 분위기가 될 수 있는 헤비메탈 장르를 다루는 록 밴드 굿바이 제리가 여성 팬들의 열렬한 지지를 얻을 수 있었던 것은, 바로 보컬 글렌 크레이그의 매력적인 목소리 덕분이었다. 강렬한 록 사운드 속에서 피어나는 너무 굵지도 또 너무 약하지도 않은 적당한 강도의 그의 목소리는, 마치 그를 순식간에 사랑에 빠져버리게 만든 아름다운 여성의 손을 부담스럽지 않은 적당한 강도로 감싸 쥐고는 '절대 너를 놓치지 않겠다'고 용감하고 달콤하게 속삭이는 듯했다.

하지만 그런 전설적인 헤비메탈 록 밴드는 2001년 콘서트를 마치고 돌아오던 길, 보컬 글렌 크레이그가 탄 자동차가 한 음주운전 차량과 충돌하는 불운의 사고를 겪으면서 위기를 맞게 된다. 사고로 한 달 만에 의식불명 상태에서 간신히 깨어난 그는, 자신이 불행히도 음악인에게 생명과도 같은 청력을 손실했다는 청천벽력과도 같은 소식을 듣고 충격을 받는다. 글렌 크레이그는 자신의 목소리를 포함한 록 밴드 굿바이 제리의 음악은 물론, 세상의 모든 아름다운 소리가 자신의 세계에서 사라져버렸다는 것을 깨닫고 절망한다.

글렌 크레이그는 심각한 우울증으로 자살기도, 마약중독 등 지독한 슬럼프를 겪다 2005년 그 모든 것을 극적으로 극복하고 온몸으로 느껴지는 모든 감각을 최대한 이용해 작곡가로 다시 음악인의 길을 걷기로 한다. 사실 청각장애인이 음악을 하는 것은 상식적으로 불가능한 일이지만, 베토벤과 같은 천재적인 음악적 재능을 타고난 사람은 그것이 가능하다고 한다. 굳이 천재가 아니더라도 청각장애인들은 귀가 아닌 눈, 코, 피부 등 온몸의 감각으로 음악을 느끼며 청각이 정상인 사람들과는 또 다른 방식으로 나름의 음악을 느끼고 즐길 수 있다. 아무래도 청력이 건강하지 못하기에 비장애인처럼 온전한 방법으로 음악을 듣지는 못하겠지만 말이다.

글렌 크레이그도 그렇게 음악인으로서 눈부신 재기를 꿈꾸지만, 그해 여름 늦은 밤 그의 집에 침입한 열성팬의 총에 맞아 스물일곱 해의 반짝이던 짧은 생을 안타깝게 마감한다.

2015년, 글렌 크레이그의 고향인 미국 버지니아에서는 굿바이 제리 멤버들이 보컬 글렌 크레이그를 그리워하는 팬들을 위해 그의 추모 콘서트 '굿바이 글렌'을 열기도 했다.

그러니까, 긴 생머리 친구가 구하고자 했던 2001년 굿바이 제리 라이브 음반은 그들의 마지막 앨범이었던 것입니다.

음악가로서 청력을 잃는다는 것은 어떤 의미일까요.

아마 자신이 알고 있었던 세계가 모조리 다 한순간에 사라져버리는 절망이지 않을까요. 그런데도 보컬 글렌 크레이그는, 그 사라진 세계를 어떻게든 다시 찾기 위해 나선 그 고요한 길목에서 안타깝게 죽음을 맞이했던 것입니다.

그리고 그 음악잡지 기사를 읽던 저는 문득 그것 또한 궁금해졌습니다. 청각장애인들이 음악을 즐기는 방법은 무엇인지. 정말 기사에 나온 그대로 귀가 아닌 다른 기관으로도 음악을 느낄 수 있는 것인지.

저는 레코드 가게에 가지런히 진열된 음반 중에서 제가 좋아하는 음반 중 하나를 골랐습니다. 헤비메탈 록 밴드 메탈리카가 1991년에 발매한 앨범에 수록된 'Enter Sandman'을 틀었습니다. 밤이 늦어 손님의 발길이 끊긴 레코드 가게 안에 묵직하고 강렬한 헤비메탈 사운드가 가득 찼습니다.

1절이 끝난 후, 나는 서랍 속에 들어있는 고무 귀마개를 양쪽 귓구멍에 틀어막고 'Enter Sandman'의 2절을 들었습니다. 귀를 단단히 틀어막아 아무 소리도 들리지 않는데 헤비메탈 특유의 강렬하게 울리는 진동만은 1절과 다름없이 분명히 느낄 수 있었습니다.

보컬의 목소리, 기타, 베이스기타, 드럼 소리가 강렬하게 한데 어우러져서 귀가 아닌 온몸의 피부 속으로 음악이 스며드는 것이 느껴졌습니다.

아, 귀가 아닌 몸의 다른 기관으로도 음악을 들을 수 있구나. 청각장애가 세상에서 가장 불행한 운명이 아니라, 그들만의 방법으로 나름 음악을 느끼는 방법이 있었구나.

나는 양쪽 귀를 단단히 틀어막고 있었던 고무 귀마개를 다시 빼려다, 여전히 귀를 막고서 귀가 아닌 몸의 다른 기관으로 새롭고 강렬하게 다가오는 헤비메탈 사운드에 빠져들었습니다.

청각장애를 가진 사람이 음악을 즐기는 방법은 두 가지가 있다고 합니다. 먼저 한 가지 방법은 보청기입니다.

우리도 몸이 불편해지면 안경, 지팡이, 목발, 휠체어 등 재활 보조기기를 사용하는 것처럼 귀가 불편한 이들은 보청기를 사용합니다. 하지만 보청기와 같은 보조기기를 사용하는 것은 청력이 어느 정도 살아있을 때 이야기입니다.

또 한 가지 방법은 바로 진동입니다.

청력이 완전히 손실되더라도 머리나 피부 따위에 닿는 진동으로 음악을 느낄 수 있다고 해요. 악기와 목소리가 한데 어우러져 그려내는 울림으로 음악을 듣는 것이죠.

악기가 그려내는 멜로디와 사람만이 가진 악기인 목소리가 한데 어우러져 피부에 부드럽게 스며들고, 눈앞에서 영롱한 빛으로 쏟아집니다. 음악은 그렇게 우리를 이곳이 아닌 지구의 어디쯤, 저 별의 어디쯤, 무한한 우주 어딘가로 초대합니다.

제 레코드점에 들렀던 그 손님도, 자신만의 방식으로 헤비메탈을 즐기는 거겠죠. 헤비메탈의 전율하는 강렬한 기타와 온몸을 두드리는 드럼과 심장을 울리는 베이스기타 등 그 모든 악기 사이로 뚫고 나오는 힘찬 샤우팅과 긁는 스크리밍, 울부짖는 그로울링까지 그 긴 생머리 친구는, 귀가 아닌 온몸의 감각으로 분명히 음악을 들었을 겁니다.

그것이 바로, 그 친구만의 헤비메탈을 듣는 방법이겠죠.

그녀의 피부와 혈관을 타고 강렬한 록 비트가 흐르고, 눈앞에 반짝이는 불꽃이 쉴 새 없이 터져나갈 테죠. 빗물을 가득 머금은 야성적인 정글 냄새가 코를 찌를 테고, 록 밴드 공연의 화려하고 황홀한 공기가 온몸을 감쌀 것입니다.

그 긴 생머리 친구는 그렇게, 자신만의 정글 속에서 헤비메탈을 들을 것입니다.

그렇게 귀를 막고 헤비메탈을 듣더라도 저는 그 친구를 온전히 이해하지는 못할 것입니다. 하지만 이제는 누구나 음악적 취향이 다르고, 그들 또한 음악적 취향과 음악을 즐기는 방법이 있다는 것만큼은 이해할 수 있었습니다.

저는 세상에서 가장 큰 불행이 소리를 듣지 못하는 것이라 했습니다.

그래요. 그것은 분명 불행이고, 일생에 커다란 멍을 남기는 상처입니다. 하지만, 그 친구를 만난 이후로 저는 그들이 음악을 즐기지 못하리라는 말은 하지 못할 것 같습니다.

음악은 그 누구에게도 제한할 수 없는 매력을 지닌, 어떤 방식으로든 모두가 공평하게 즐겨야 하고 누려야 하는 축제니까요.

저는 다음에도 어쩌면, 두 귀를 막고 온몸으로 헤비메탈을 종종 들을 것 같습니다.

　　　　　　　　**1. 헤비메탈을 듣는 방법**

# 2

# 한밤의 태양

"사람이 왜 이렇게 많아?"

"다들 뭘 그렇게 대단한 걸 보겠다고 나온 건지 모르겠어요."

"엄마! 나, 초콜릿 까줘!"

"오! 베리 타이어드!"

"자기야, 나 지금 도로 가운데 사람들 사이에 끼어있어."

"치킨 시킬 데가 없다꼬! 그면 치아뿔고 마 일로 온나!"

"하나비 스타또와 난지데스까?"

제임스의 귀에 사람들의 목소리가 웅성웅성 섞여 울렸다. 그들은 서로의 귀를 향해, 그들만의 언어로, 손에 든 휴대폰을 통해 쉴 틈 없이 말을 전하고 있었다.

"제임스!"

수많은 사람의 뒤섞인 목소리 어딘가에서 그의 이름을 부르는, 제임스의 귀에 익숙한 목소리가 들렸다. 지연이 제임스의 뒤에서 그의 허리를 와락, 끌어안았다. 제임스가 사람들 틈에서 자신의 허리를 꼭 안은 지연을 놓치기라도 할 새라 그녀의 손 위에 제 손을 포갰다. 포개진 그들의 왼손 네 번째 손가락에는 똑같은 디자인의 화이트골드 반지가 반짝, 빛났다. 지연의 양손에는 두 개의 종이컵이 들려 있었다.

"커피 사는데, 기다리는 줄이 너무 길어서 늦었어."

지연이 제임스에게 아무 무늬 없는 하얀 종이컵을 건넸다. 스타벅스, 커피빈, 이디야…. 수없이 늘어선 커피전문점들 사이의 조금이라도 덜 북적이는 카페에 들어가서 산 커피였다. 지연의 왼손에는 그녀 몫의 설탕과 크림을 넣지 않은 아메리카노가 들려 있었고, 그녀가 오른손으로 제임스에게 건넨 것은 카페모카였다.

"내가 간다니까."

제임스가 지연이 건넨 카페모카를 한 모금 마시고는 말했다. 지연이 카페에 다녀오는 사이 카페모카는 이미 미지근하게 식어버렸지만 부드럽고 달콤한 커피 향기는 제임스의 입안 가득 퍼졌다. 지연이 바람결에 헝클어진 제임스의 노르스름한 머리를 매만졌다.

"제임스는 거기 가면 한국말로 주문도 잘 못 하면서, 뭘."

"아니거든? 나 좀 하거든? 커피도 영어잖아."

제임스가 그렇게 우겨대도 지연의 귀에는 제임스의 두꺼운 입술 사이로 흘러나오는 한국어가 아직은 그저 서툴게만 들렸다.

"춥다. 커피 마셔."

지연이 미소 지으며 아메리카노를 한 모금 마셨다. 그때, 옷을 헐렁하게 입은 사내 몇 명이 건들거리며 제임스를 툭, 치고 지나갔다. 그 바람에 제임스 곁에 바짝 붙어있던 지연이 입은 크림색 코트의 노란 단추 부분에 그녀가 들고 있던 검은 아메리카노가 조금 쏟아졌다. 미안하다는 말 한마디도 없이 스쳐 지나가는 그들을 향해 제임스가 노란 눈썹을 꿈틀 거리며 성난 목소리로 외쳤다.

"조심해요!"

이미 앞서간 사내들이 뒤돌아, 제임스를 슬쩍 보고는 자기네들끼리 키득키득 비웃으며 아무 일도 아니라는 듯 장난스럽게 한 손을 흔들며 사과를 건넸다.

"아, 쏘리, 아임 쏘리."

지연이 멀어져가는 그들을 향해 성큼 다가가려는 제임스의 팔을 붙잡았다.

광안리 바다의 짠 내가 지연의 코끝을 스쳤다. 저 앞에 보이는, 아직 축제가 시작되기 전의 광안대교 위는 어둡고 휑한 정적만이 휘감고 있었다.

얼굴을 스치는 저녁 바람이 점점 차가워지고 있었다.

※ ※ ※

"John?"

제임스가 한국어를 배우기 위해 처음 연세대학교 어학당을 찾아 진학상담사의 이름을 들었을 때, 한국 여자 이름 중에도 '존'이 있다는 사실을 알고 그는 놀랐다.

"존이 아니고, 지연이에요. 마이 네임 이즈 최, 지, 연."

그녀는 앞자리에 마주 앉은 외국인의 초록색 눈동자를 바라보며 자신의 이름 석 자를 또박또박, 천천히 읊었다. 제임스는 그녀의 이름을 들리는 대로 발음해보았다. 초이, 존. 그녀가 미소를 지었다. 검은 머리에 쌍꺼풀이 없고 동그랗고 하얀 얼굴의 최지연. 제임스는 그렇게 그녀를 처음 만났다.

그녀는, 이케아 가구매장에서 일하면서 일주일에 꼬박 5일간 하루에 네 시간씩 진행되는 어학당 한국어 수업을 지금껏 단 한 차례도 빼먹지 않고 성실하게 다니는 스웨덴 남자 제임스가 궁금해졌다.

지연은 봄날의 향기가 짙어가던 무렵, 자신에게 수줍게 미소를 지으며 "존 씨, 안녕하세요"라는 인사를 건네고 강의실에 들어서려는 제임스를 불러 세웠다.

"저기, 제임스 씨."

"네, 존 씨."

"내 이름, 존이 아니고 지연인데. 제임스 씨, 내 이름이 지금도 헷갈리세요?"

"아… 미안해요."

제임스는 그때까지도 '존'과 '지연'의 발음 차이가 무엇인지 알 수가 없었다. 제임스가 '존'과 '지연'의 차이를 알 수 없었던 것처럼, 지연 또한 어학당에 한국어를 배우러 다니는 수많은 외국인 중에서도 왜 하필 제임스가 궁금해졌는지, 그 스웨덴 남자가 자꾸만 자신의 눈에 띄는 건지 몰랐다. 평범하기만 한 자신의 이름 '지연'을 매번 특이한 발음 '존'으로 불러주는 사람. 지연은 제임스라는 사람이 궁금했다. 하지만 자신이 느끼는 감정이 그저 단순히 인간적인 호기심인지, 이성적인 호감인지 도무지 알 수가 없었다.

"한국어 공부 열심히 하시네요. 진짜 멋있어요. 제임스 씨."

지연이 제임스를 향해 양손 엄지를 척, 세웠다. 검고 긴 생머리, 검은 눈동자, 티 없이 하얀 피부. 제임스의 초록색 눈동자에 비친 그녀는, 어릴 적 동화책 속에서만 본 동양의 여신처럼 신비로웠다. 그래서 제임스는 지연에게 말 걸기가 더욱 조심스러웠다.

"고맙습니다."

제임스가 수업 때 배운 내용이었다. "한국에선 칭찬을 받으면 반드시 감사의 표현을 해야 해요. 고맙습니다. 감사해요. 고마워."

지연의 두 볼이 살짝 붉어졌다. 지연은 조금만 더 용기를 내보기로 했다.

"저기, 제임스 씨랑 식사하고 싶은데…. 오늘 저녁에 시간 내줄 수 있어요?"

제임스는 당황했다. 지난 수업 때 배웠던 내용이 고스란히 재연되고 있었다. 한국에서 누군가가 식사를 제안하는 것은, 그것은 곧 단순히 배를 채우자는 의미가 아니라 당신과 대화를 하고 싶다는 의미라고. 그래서 식사하자는 제안은 함부로 거절해선 안 된다고.

"지연 씨, 오늘 어디서 만날까요?"

"한식당 맛있는 곳 제가 잘 알거든요. 거기서 봐요."

뻥 치고 있네! 지연은 속으로 자신을 비웃었다. 지연아, 네가 잘 아는 맛있는 곳은 친구랑 함께 가는 맥도날드나 아웃백이잖아! 대화가 끝나자마자 부랴부랴 한식당부터 찾아봐야겠다고, 그녀는 강의실로 향하는 제임스의 뒷모습을 보며 생각했다.


"저는 초록색을 좋아해요. 제임스 씨는 어떤 색깔을 좋아

**2. 한밤의 태양**

하세요?"

"저는 파란색이요. 지연 씨는 어떤 가수를 좋아해요?"

"윤도현이요. 콘서트도 여러 번 갔어요."

"윤… 도현?"

"아, 윤도현은 한국의 로커예요."

"그래요? 저도 록 좋아해요."

"제가 나중에 노래 들려줄게요. 제임스 씨도 아마 맘에 드실 거예요."

한국말로 부르는 록은 어떤 분위기일까. 제임스는 궁금해져서 그녀에게 이것저것 묻고 싶었지만, 그 말들은 그저 그의 머릿속에서만 맴돌 뿐이었다.

"지연 씨는 어느 계절을 좋아해요?"

"가을이요. 스웨덴에도 한국처럼 가을이 있어요?"

"네. 스웨덴도 네 개의 계절이 있어요. 저도 가을을 좋아해요."

"스웨덴에도 봄, 여름, 가을, 겨울이 있구나. 스웨덴은 가을에 뭐해요?"

"한국과 같아요. 여행도 하고, 불꽃놀이도 하고."

"불꽃놀이요?"

"네. 뭐랄까… 한밤의 태양 같아요."

"한밤의, 태양?"

한밤의 태양? 지연은 제임스와 나누던 대화 중 갑자기 튀어나온 그 말이 무슨 의미인지 도무지 이해할 수가 없어 그저 그를 보며 싱긋 웃어버렸다.

그녀도 그런 한식당은 할머니 칠순 때 가족모임 이후로는 처음이었다. 정성스런 자수가 새겨진 방석이 깔린 온돌방, 벽 가운데에 걸린 대나무 그림에서부터 종업원들의 단정한 생활 한복과 정갈하게 반찬을 담은 조그만 접시까지, 필사적으로 '여기는 한국입니다'라고 강조하고 있는 곳이었다.

그녀는 제임스의 어색해 보이는 양반다리와 마늘장아찌를 집는 제임스의 제법 능숙한 젓가락의 움직임을 물끄러미 바라보다 물 한 컵을 단숨에 마셔버렸다. 쌀밥 한 숟갈과 마늘장아찌를 천천히 다 씹어 삼킨 제임스는 조용히 물병을 들어 그녀 앞에 놓인 빈 컵에 조심스럽게 물을 따라주었다. 그리고 제임스는 그녀에게, 서툴지만 진심을 담아 천천히 이야기를 이어나갔다.

나는 스웨덴 웁살라에서 왔어요.
웁살라대학교에서 가구디자인을 공부했어요.
스웨덴은 북유럽이고,
영어도 쓰고 스웨덴어도 쓰는 나라예요.
옛날부터 이민자와 난민이 많아

관대하고 복지가 좋은 곳이에요.

생선과 고기와 감자로 식사하고,

나는 삭힌 청어 요리를 좋아해요.

아직도 왕과 왕비와 공주가 살고,

나처럼 잘생긴 남자도 많이 살아요.


스웨덴의 여름에는 해가 지지 않는 밤이 생겨요.

스웨덴에서는 그 하얀 밤을 Midnight Sun,

'한밤의 태양'이라고 불러요.

한밤의 태양이라고 해도 대낮처럼 밝은 건 아니고,

초저녁처럼 붉고 흐린 하늘이 밤 내내 이어지는데

스웨덴 사람들은 그 시간에 대부분 잠을 자요.

태양이 떠 있어도, 밤이니까.

밤에는, 자야 하니까.


　제임스는 'Midnight Sun'을 나름 한국말로 해석해 '한밤
의 태양'이라고 말했지만, 지연은 끝내 그것의 의미를 이해
하지 못했다. 지연의 모호한 표정을 보고, 그때야 제임스는
한국에 그런 단어는 아예 존재하지 않는다는 사실을 깨달았
다. 지연은 제임스와 밥을 먹으면서 그가 건넨 '한밤의 태양'
이라는 생소한 단어에 대해 내내 생각하고 있었다.

❋ ❋ ❋

"제임스야, 김치 맛있나?"

"제임스야, 한국에선 생일 때 미역국이라는 수프를 끓여 먹는다. 마이 무라."

"할머니가 제임스 잘 먹는 떡볶이 했으니까 얼른 먹으러 온나."

"제임스야, 경식이하고 놀다가 목마르면 할머니가 담가둔 식혜 마셔라."

김치, 미역국, 떡볶이, 식혜, 불고기, 인절미, 된장찌개…. 제임스가 어릴 적부터 한동네에서 친하게 지낸 친구 경식의 집에서는 늘 경식 할머니가 직접 만든 한국 요리 특유의 진하고 고소한 냄새가 났다. 젓가락질도 경식의 집에서 한국 요리를 먹으며 자연스럽게 익힌 것이었다.

스웨덴 웁살라에서 노란 머리와 초록 눈동자를 지닌 소년 제임스가 태어나서 처음 만난 동양인 친구 경식과 그의 가족 들은 한국에서 왔다고 했다.

일본과 중국 사이에 있는 나라.

동네마다 말의 높낮이와 종류가 조금씩 달라지는 나라.

경식처럼 까만 머리와 까만 눈동자를 가진 사람들이 사는 나라. 김치와 미역국과 식혜와 떡볶이와 불고기와 된장찌개를 먹는 나라. 아주 오래전에 전쟁이 난 이후 아직도 반으로 갈라져 있는 나라. 반으로 갈라진 땅처럼 낮과 밤의 경계가 반으로 갈라져 있는 나라.

한국.

대한민국.

제임스가 검은 머리와 검은 눈을 가진 친구와 그 가족들을 통해 만난 나라 대한민국은 분명 제임스의 나라 스웨덴과는 다른 나라였다.

파란 하늘과 말간 새소리가 울려 퍼지는, 동화처럼 왕비와 공주가 사는, 교육환경도 경제력도 아무 걱정 없이 평화롭게 살 수 있는 나라, 스웨덴.

하지만 제임스는 스웨덴의 그것들이 견디기 힘들 만큼 지루했다. 스웨덴의 파란 하늘과 새소리가, 테마파크 같은 궁전이, 아무 일도 일어나지 않는 심심한 평화가, 낮과 밤이 스르륵 스며드는 모호한 경계가.

제임스는 어른이 되면 한국이라는 나라로 가보고 싶었다. 일본과 중국 사이에 있는, 동네마다 말의 높낮이와 색깔이 조금씩 달라지는, 까만 머리와 까만 눈동자를 가진 사람들이 사는, 김치와 미역국과 식혜와 떡볶이와 불고기와 된장찌개를 먹는, 낮과 밤의 경계가 뚜렷한 나라, 대한민국.

다양한 맛이 나는 음식과 열정적으로 바쁘게 사는 사람들과 항상 사건사고가 불꽃처럼 터지는 나라, 한국.

한국이라는 나라는, 시간이 흐를수록 막연한 환상이 아닌 구체적인 목표로 그의 삶 속에서 점점 더 올곧게 자리 잡았다.

제임스가 친구 경식과 그의 가족을 통해 만난 한국어는 재미있었다. 분명 같은 나라에서 온 가족들인데도 할머니, 아버지, 어머니, 경식 그리고 경식의 남동생 경호 모두 다른 언어를 쓰는 것 같았다.

경식의 할머니와 아버지는 경상도 부산 사람이었다. 그곳은 '사투리'라는 리듬감 넘치는 언어를 쓰는 동네였다. 반면, 어머니와 경식과 경호는 서울 말씨였다. 그것은 할머니와 아버지의 말투보다 훨씬 차분하고 부드러웠다.

스웨덴어는 북 게르만어군에 속한 언어였다. 주로 스웨덴과 핀란드 그리고 올란드 제도에서 900만 명 이상의 사람들이 사용하고, 같은 스칸디나비아 지역의 언어인 노르웨이어와 덴마크어와도 서로 어느 정도 의사소통이 가능할 정도로 비슷했다.

스웨덴어의 특징은 운율이었다. 그리고 어휘의 강세와 억양이 센 편이었다.

스웨덴어는 서울 말씨보다 부산 사투리와 조금 더 닮았지만, 자세히 들어보면 그것도 아니었다. 스웨덴어에는 한국어에 없는 발음이 많기에 한국 사람이 스웨덴어의 정확한 발음을 구사하는 것은 무척 어려웠다. 스웨덴어와 한국어는 애초부터 다른, 남의 나라 언어였다.

제임스는 경식이 제임스의 노트에 한글로 써준 자신의 이름 모양을 기억하고 있었다.

**제임스 예르페.**

분명 자신의 이름이었지만 처음 보는 그 이름이, 제임스는 무척 신기했다. 경식은 한글로는 네 이름을 이렇게 쓴다고 하며 또박또박한 발음으로 '제임스 예르페'를 읽었다. 그 문자는 마치 그림처럼 아름다웠다. 그 문자는 오직 대한민국의 문자 한글을 배운 사람만 풀어낼 수 있는 신비로운 암호 문구였다. 제임스는 경식의 가족처럼 재미있고 다양한, 경식 할머니의 요리처럼 맛깔스러운, 경식이가 제임스의 노트에 연필로 써준 글씨처럼 부드러운, 하지만 막상 배우기에는 만만치 않았던 한국어를 정식으로 배우기 위해 한국으로 와서 열심히 연세대학교 어학당에 다녔다.

제임스는 한국에 머물면서 스웨덴 기업인 이케아 가구매장에 취직해 그곳에서 사람들에게 가구를 소개하고 일하는 것도 좋았지만, 한국어를 배워 한국어에 능숙하게 되면 한국어 어학강사 자격증을 따서 한국의 어학원에서 지금의 자신처럼 한국어를 배우고 싶어 하는 외국인을 가르치는 어학강사로도 일하고 싶었다.

※ ※ ※

밤이 깊어갈수록 사람들은 도로로, 바닷가로 모래처럼 우르르 쏟아져 나왔다. 사람들 사이에서 누군가가 제임스의 등을 톡톡, 두드렸다. 제임스가 뒤돌아보았다.

"저기…. 플리즈."

흰 카디건을 걸치고 휠체어에 앉은 단발머리 한국인 소녀였다. 그 작은 소녀는 사람들 틈에서 제임스에게 조금만 옆으로 옮겨 달라고, 애처로운 목소리로 부탁하고 있었다.

가뜩이나 많은 인파에 밀려 낮은 키로 올려다보기도 힘든 하늘, 키 크고 덩치 큰 외국인까지 앞에 떡 버티고 서있으니 얼마나 답답했겠는가.

"아임 쏘리, 오케이?"

지연과 제임스는 소녀 앞에서 몇 발자국 옆으로 비켜서서 등 뒤의 소녀에게 다시 물었다.

"오케이, 땡큐."

소녀가 밝게 미소 지으며 제임스에게 엄지와 둘째손가락을 말아 오케이 사인을 했다. 그 곁의 지연에게는 한국말로 "고맙습니다"를 또박또박 발음했다.

"지연, 춥지 않아?"

"조금. 제임스는?"

"난 괜찮아."

제임스가 지연의 작은 어깨를 두꺼운 팔로 감쌌다. 그때 지연이, "맞다!" 하고 손뼉을 탁, 치며 발치에 내려둔 희고 큰 가방의 지퍼를 열어 그 안의 무언가를 주섬주섬 꺼냈다. 분홍색 하트 무늬의 제법 큰 담요였다. 지연은 그의 어깨에 담요를 둘렀다. 덕분에 제임스 품 안의 지연도 담요를 두른 것같은 모양새가 되었다. 제임스가 소리 내어 웃었다.

"뭐야, 이런 것도 챙겨왔어?"

"원래 불꽃놀이하면 이런 것 다 챙겨 와야 돼. 사람들 봐."

지연이 손가락으로 사람들을 향해 가리켰다. 사람들은, 백사장에 지정된 좌석에 앉거나 교통이 통제된 도로 위에 돗자리를 펼쳐놓고 그 위에 삼삼오오 모여앉아 담요를 덮고 치킨과 피자와 콜라 따위를 먹고 있었다. 그 사이사이로 지연과 제임스처럼 서 있는 사람들도 셀 수 없이 많았다.

광안대교 앞 백사장 쪽으로 경찰 서너 명이 무전기를 한 손에 든 채 사람들을 향해 뭐라고 소리쳤지만, 그들의 목소리는 바닷바람 소리와 사람들의 목소리에 이내 파묻혀버렸다.

밤이 깊어갈수록 바람이 더욱 차가워지고 있었다.


제임스가 지금의 취업비자로 한국에서 머물 수 있는 기간은 1년이었다. 한국어 어학강사 자격증을 따서 어학원에 취직하면, 제임스가 대한민국에서 머물 수 있는 기간은 2년이었다.

그렇다면, 내 곁에 있는 지연과 결혼하게 되면 이곳에서 나는 얼마나 더 오랜 시간 그녀와 함께할 수 있을까. 지연은 나의 청혼을 기꺼이 받아줄까. 제임스는 자신의 품 안에 기대 서 있는 지연을 가만히 내려다보았다.

"제임스, 사람 엄청 많다."

"응. 지연, 배는 안 고파?"

"내려오면서 휴게소에서 이것저것 많이 먹어서 괜찮아. 제임스, 배고파?"

"아니. 나도 아까 많이 먹었어. 통감자랑 어묵이랑 김치우동이랑…."

"이따 올라가면서 휴게소에서 뭐 더 사 먹자."

"그래."

지연은 자기보다 껑충 솟은 키 큰 제임스의 얼굴을 올려다보았다.

'제임스, 한국의 축제 기간엔 예약도 꽉 차고 바가지도 많이 씌우기 때문에 우리가 밥 사 먹기 마땅한 곳을 찾기가 힘들어. 그러니 축제 마치고 이따가 밤에 동서울 고속버스로 올라가면서 고속도로 휴게소에 들러서 사 먹자.'

하지만 지연의 입속을 맴도는 그 말을 그녀는 그에게 도저히 내뱉을 수가 없었다. 그 말을 한다고 하더라도 제임스가 그 의미를 온전히 이해할지도 모르는 일이었다.

"어! 터진다!"

사람 중 누군가가 별안간 소리쳤다. 그와 동시에 사람들이 일제히 하늘을 올려다보았다. 광안대교 오른쪽에서 노란색 불꽃이 공중으로 솟아올랐다. 사람들이 와! 하고 환호성을 질렀다.

하지만 그것은 본격적인 불꽃놀이의 시작이 아니라 축제가 시작되기 전, 시범적으로 터뜨리는 불꽃이었다. 하늘을 올려다보던 사람들은 드디어 기다리던 축제가 시작되는 줄 알고 한껏 기대에 젖었다가, 실망을 감추지 못했다.

갑자기 제임스가 웃음을 터뜨렸다. 주위의 시선이, 영락

없는 외국인인 제임스에게로 쏠렸다. 그 시선에 머쓱해진 지연이 그를 빤히 쳐다보는데도 제임스는 웃음을 멈추질 못했다.

"하하하! 사람들 반응이 다 똑같아. 다들 일어났다가, 다시 제자리로 돌아가고. 한국인들은 열정적이야. 훌륭해!"

제임스는 여전히 웃음을 멈추질 못했다. 제임스는 고개를 젖히고 초록색 눈동자에 눈물까지 글썽거리며 귀에 걸릴 것처럼 크고 두꺼운 입술을 벌리고 호탕하게 웃었다. 아무 표정 없이 뚱하게 그를 쳐다보던 지연도 그 모습에 그만 웃음을 터뜨리고 말았다.

'그래, 내가 이 남자를 사랑하게 된 건 이것 때문이었어.'

제임스의 붉은 기가 도는 하얀 얼굴과 노르스름한 머리, 초록색을 띤 촉촉한 눈동자, 길고 뾰족한 콧날, 귀에 걸릴 것처럼 크고 두꺼운 입술, 호탕한 웃음소리, 큰 키와 떡 벌어진 어깨와 넓은 가슴, 목 오른쪽에 있는 갈색 점, 태어나서 처음 들어보는 낯선 스웨덴어와 아직은 어색한 한국어, 한 번도 보지 못해서 더 보고 싶은 스웨덴의 한밤의 태양….

지연이 제임스를 사랑하게 된 이유는 제임스의 모든 것이었다.

＊＊＊ ＊＊＊ ＊＊＊

   금요일 오후에 연세대 어학당에서 수업을 들으러 온 제임스가 지연에게 분홍색 종이로 포장한 상자를 불쑥, 내밀었다. 제임스와 지연이 한식당에서 같이 저녁을 먹고 보름쯤 지난 4월의 어느 봄날이었다.

   "그날, 한식당 식사 맛있었어요. 이것은 선물이에요."

   그 일이 일어난 후 보름이나 그에게서 인사 말고는 아무 말도 들을 수 없어서 지연은 사실 이미 반쯤 포기한 상태였다. 그래, 제임스도 어쩔 수 없는 외국인이었어. 아무리 좋아해도, 말이 통하지 않는 것처럼 마음이 통하지 않았던 거야. 그런데 인제 와서 그가 내미는 이 선물은 또 무슨 의미란 말인가. 그녀는 그가 내민 분홍색 종이로 포장한 상자를 조심스레 받았다.

   "고마워요. 선물, 여기서 풀어 봐도 돼요?"

   제임스는 얼굴 가득 미소를 머금고는 고개를 끄덕였다. 제임스가 스웨덴 웁살라에 사는 친구 경식에게 부탁해 어제 오후가 다 되어서야 국제우편으로 받은 선물이었다.

   '한국 여자들이 이걸 좋아한다고 들었는데, 그녀도 좋아할까' 그는 설렘 반 걱정 반으로 그녀의 표정을 살폈다.

지연이 분홍색 종이로 포장한 상자를 천천히 뜯었다. 제임스는 기대 섞인 미소를 머금은 채, 포장지를 뜯는 지연의 새하얗고 섬세한 손가락을 숨죽여 지켜보고 있었다.

선물상자 뚜껑을 열자마자 장미 향기가 은은하게 풍겼다. 장미 향기가 나는 스웨덴 달걀비누. 그 아찔한 장미 향기에 지연은 자신도 모르게 "아아" 하고 탄성을 질렀다.

"저도 이 비누 소문만 들었는데."

"지연 씨 원래 예쁜데요. 이거 쓰고 더 예뻐지라고요."

"고마워요. 근데 이거 어떻게 구했어요?"

"스웨덴 사는 친구한테 직접 부탁한 거예요."

"누구한테 준다고 그랬는데요?"

"여자친구한테… 준다고."

제임스가 붉게 달아오른 얼굴을 감추려 고개를 푹 숙였다. 지연이 쑥스러워하는 그를 바라보다가 풋, 하고 웃음을 터뜨렸다.

"나, 남자친구한테 이런 선물 받아보는 것 처음이에요."

지연이 장미 향기가 나는 새하얀 비누를 상자 속에서 하나 꺼내 코에 대고 미소 지었다.


지연 씨에게.

지난 식사 고마워요.


　　　　　　　　　　　　　**2. 한밤의 태양**

선물을 준비했어요.

지연 씨 마음에 들었으면 좋겠어요.

추신: 다음에 우리 식사 같이해요.

제임스가.


선물상자 안에는 달걀비누 여섯 개와 함께 꼬깃꼬깃 접은 하얀 종이쪽지도 들어있었다. 지연은 선물상자 안에 든 종이쪽지를 조심스럽게 펼쳐 그 위에 적힌, 서툴지만 실수하지 않으려고 노력한 흔적이 역력한 글씨를 눈으로 조용히 읽었다. 제임스의 하얀 두 귀가 새빨개졌다.

사실 스웨덴 달걀비누는 인터넷으로도 쉽게 살 수 있었지만, 자신을 위해 스웨덴에 사는 친구에게 국제우편으로 부탁해 선물을 준비한 제임스의 정성에 지연은 감동받았다.

"와, 제임스 씨, '추신'이란 말도 알아요? 이 단어 어려운 건데."

"저번 수업 때 편지 쓰는 것 배우면서 알게 됐어요."

"그렇구나."

"수업 마치고 식사 같이하실래요?"

"그래요. 수업 마치고 나서 봐요."


그녀는 지연이라는 평범하기 짝이 없는 자신의 이름을

'존'이라는 근사한 발음으로 불러준 스웨덴 남자가 그저 궁금해서 함께한 한식당에서의 식사였다. 제임스는 자신에게 따뜻하게 말을 걸어준 그녀가 고마워서 스웨덴에 사는 경식에게 부탁해 국제우편으로 받은 향기로운 스웨덴 달걀비누를 선물했고, 그 마음은 두 사람을 연인으로 맺어주었다.

제임스의 여자친구 지연. 지연의 남자친구 제임스.

제임스는 연인 사이에 '친구'라는 다정한 호칭을 쓰는 나라, 대한민국이 좋았다.

그리고 그는 그 나라에서 초록색과 로커 윤도현과 가을을 좋아하는 다정한 한국 여자, 지연을 사랑하고 있었다.


❇ ❇ ❇


"지연, 부산에서 불꽃놀이를 한대."

지난주 저녁, 식당에서 닭갈비를 먹던 제임스가 지연에게 말했다. 제임스는 휴대폰으로 검색한 '부산불꽃축제'의 사진들을 지연에게 보여주었다. 지연은 젓가락을 잠시 내려놓고 그가 건네준 휴대폰 속 사진과 그의 얼굴을 번갈아 바라봤다.

"제임스, 불꽃놀이 보고 싶어?"

"응. 지연은 불꽃놀이 실제로 본 적 있어?"

"아니. TV로만 봤어."

"너랑 같이 보면, 재미있을 거야."

"그래, 가자."

"정말?"

"응. 제임스가 좋으면 나도 좋아."

지연은 제임스가 좋아하는 건 뭐든지 해주고 싶었다. 제임스라는 남자가 태어나고 여태껏 살아온, 그가 떠나왔지만 차마 버릴 순 없었던, 한밤의 태양이 뜨는 나라 스웨덴. 지연은 제임스가 설명하지는 못하지만, 그가 마음속으로 그리워하는 것이 무엇인지 느낄 수 있었다.

"밤에 불꽃놀이를 하면, 한밤의 태양과 비슷할 거야."

"한밤의 태양… 백야?"

지연은 한식당에서 그와 식사하던 그날 밤, 집으로 돌아가는 버스 안에서 휴대폰 인터넷으로 '한밤의 태양'을 검색했었다. 제임스가 말했던 한밤의 태양은 바로, 백야였다. 해가 저물지 않는 밤, 태양이 떠 있는 밝은 밤.

지연은 제임스와 연인이 된 후, 그에게 습관처럼 말하곤 했다. "한밤의 태양은 어떤 풍경일까. 궁금해."

"지연, 너에게 한밤의 태양을 보여주고 싶어."

'지연. 내가 당장 너에게 내가 살아온 나라 스웨덴으로 데려가 네가 보고 싶어 하는 그곳의 한밤의 태양을 보여줄 순 없지만, 너에게 이곳의 한밤의 태양을 보여줄게.'

제임스는 길게 이어지는 머릿속 말 대신 닭갈비 한 점과 밥 한술을 입안 가득 우물거리고 막걸리를 한 모금 삼키며, 앞에 마주 앉은 그녀를 향해 그저 싱긋, 웃었다.

❊ ❊ ❊

주위가 갑자기 어두워졌다.

사람들이 주섬주섬 휴대폰과 카메라를 꺼내 밤하늘을 향해 치켜들었다. 사람들이 웅성거리는 소리가 어둠 속에서 더 크게 울렸다. 제임스는 지연의 어깨를, 지연은 제임스의 허리를 더 꼭 안았다.

"불꽃놀이 곧 시작하니까 질서를 지켜주세요!"

인도에 서 있던 경찰 무리가 소리쳤다. 아까는 그 목소리에 귓등으로도 듣지 않던 사람들이, 마치 경찰이 '얼음!'이라고 외치며 어깨를 툭 친 것처럼 모두 그 자리에 그대로 멈췄다.

광안리에서 불꽃축제를 시작하는 음악이 울려 퍼지고, 드디어 광안대교에서 카운트다운을 알리는 숫자가 크게 비췄다.

　십, 구, 팔, 칠, 육, 오, 사, 삼, 이, 일!

　제임스와 지연은 기대에 가득 찬 서로의 얼굴을 마주 보며 사람들과 함께 카운트다운을 셌다. 텐, 나인, 에이트, 세븐… 쥬, 큐, 하치, 나나…. 저마다 다른 나라말의 같은 숫자가 곧 시작될 밤하늘에 펼쳐질 축제를 기다리고 있었다.


　지연.

　너에게 한밤의 태양을 보여줄게.


　평화로운 나라 스웨덴에서 태어나 부족한 것 없이 곱게 자라 대학교에서 얌전히 가구디자인을 공부해놓고 난데없이 한국어를 배우러 스웨덴을 떠나 한국으로 가겠다고 하는 제임스를, 가족들과 친구들은 말리고 나섰다. 비록 늦었다고는 할 수 없었지만 그렇다고 해서 이제껏 손아귀에 쥐고 있던 모든 것을 내려두고 새롭게 시작하기에는 결코 적당하다고도 말할 수 없는 나이, 스물여덟. 제임스는 스물여덟 살이었다.

　제임스는 지난해 10월, 해가 지지 않는 밤 9시, 스웨덴 바스테라스 공항에서 한국으로 향하는 비행기에 홀로 몸을 실었다. 그는 스웨덴을 떠나는 비행기 안에서 창문 너머 넘실거리는 한밤의 태양을 바라보며, 스스로 끊임없이 질문을 퍼붓고 있었다.

아무도 못 믿어.
그렇다면 제임스, 너는 자신도 믿지 못하는가.
아무것도 필요 없어.
그렇다면 제임스, 너는 무엇을 위해 살고 있는가.
알 수 있는 건 아무것도 없어.
그렇다면 제임스,
너는 머릿속 이 문장 또한 이해하고 있는가.

우리는 살아가는 동안 수많은 계획과 짐작과 노력만 할 수 있을 뿐, 실제로 인생에 어떤 일이 벌어질 것인지는 아무도 모른다.

사랑했던 연인과 사소한 실수로 한순간에 헤어지게 될 수도, 갑자기 대낮에 전쟁이 터져 보통 날을 함께 보내고 있었던 가족과 영영 못 만나게 될 수도, 운전면허 실기시험을 보러 가는 길에 큰 사고가 나 그 자리에서 생을 마감할 수도 있다.

자랑거리였던 번듯한 대기업에서 하루아침에 잘려 초라

한 백수가 될 수도, 라면을 사 먹으러 가던 길에서 우연히 주운 복권 한 장이 1등에 당첨되어 부자가 될 수도, 스웨덴 남자와 한국 여자가 만나 사랑에 빠질 수도 있다.

우리 생에는 무슨 일이든 일어날 수 있고 아무 일도 일어나지 않을 수도 있다. 그러므로 우리는 더욱더 오늘 이 순간을 열심히 살아야 한다.

결국, 우리는 아무것도 모르니까.

우리에게 어떤 놀라운 일이 일어날지는, 아무도 모르니까.


❋ ❋ ❋


제임스는 지연 곁에 서서 하늘을 올려다보았다.

그는 밤하늘로 퍼지는 한밤의 태양을 지켜보며 지난 시간들을 떠올렸다. 스웨덴, 한국인 친구 경식, 제임스의 가족, 노란 머리와 초록색 눈동자 그리고 한밤의 태양.

떠나왔지만 차마 버릴 수는 없었던 자신의 모든 것을.

그리고 자신의 모든 것을 이해하고 사랑해준 까만 눈동자의 그녀, 지연을. 제임스는 자신의 곁에서 아이처럼 환호성을 지르며 하늘을 올려다보는 그녀에게 키스했다.

나는 스웨덴 웁살라에서 왔어요.

웁살라대학교에서 가구디자인을 공부했어요.

스웨덴은 북유럽이고,

영어도 쓰고 스웨덴어도 쓰는 나라예요.

옛날부터 이민자와 난민이 많아 관대하고

복지가 좋은 곳이에요.

생선과 고기와 감자로 식사하고,

저는 삭힌 청어 요리를 좋아해요.

아직도 왕과 왕비와 공주가 살고,

저처럼 잘생긴 남자도 많이 살아요.


스웨덴의 여름에는 해가 지지 않는 밤이 생겨요.

스웨덴에서는 그 하얀 밤을 Midnight Sun,

'한밤의 태양'이라고 불러요.

한밤의 태양이라고 해도 대낮처럼 밝은 건 아니고,

초저녁처럼 붉고 흐린 하늘이 밤 내내 이어지는데

스웨덴 사람들은 그 시간에 대부분 잠을 자요.

태양이 떠 있어도, 밤이니까.

밤에는, 자야 하니까.


지연의 머릿속으로 제임스의 서툴지만 진심 어린 이야기

**2. 한밤의 태양**

가 끊임없이 속삭이고 있었다.

광안대교 위 까만 밤하늘에 웅장한 음악 소리와 함께 불
꽃이 터졌다. 그것들은 미역국처럼 뜨겁게 쏟아져 내렸고,
식혜 밥알처럼 팍팍 터졌고, 불고기처럼 바삭바삭했고, 떡
볶이처럼 매웠으며, 김치부침개처럼 넓게 퍼졌고, 막걸리처
럼 부풀어 올랐다.

부산 광안대교. 가을. 밤 여덟 시.

그 시간의 하늘은 한식처럼 노릇노릇 바삭바삭 달콤하게
요리되고 있었다. 제임스와 지연도, 제임스의 서툰 한국어를
비웃었던 사내들도, 지연 곁의 휠체어에 앉은 단발머리 소녀
도, 제임스와 지연의 저 멀리 인도에 서 있는 경찰들도 모두
일제히 밤하늘의 화려한 축제를 올려다보고 있었다.

한밤의 태양이었다.

# 3

# 중요한 이야기는 다음에

판매대의 가지런히 진열된 알록달록한 립밤들 위에서 방황하던 그의 긴 손가락이 문득, 멈췄다.

　그 친구가 집어올린 것은 발색이 좋고, 촉촉해 보이는 짙은 핑크빛 립밤이었다.

　"어때?"

　"색깔이 너무 진해."

　"한번만 쓱 바르면 되지, 이렇게."

　기철은 스틱에 립밤을 살짝 묻혀 입술을 '에' 모양으로 하고 그 위에 립밤을 쓰윽 바르고, 나를 빤히 쳐다보며 말했다.

　"예뻐?"

　"예쁘긴, 징그럽다. 립밤 색깔은 잘 어울려."

　"너도 똑같은 것 하나 사줄게."

　"난 진한 핑크 싫어. 나는 이거."

　나는 기철이 잡은 핑크 립밤 바로 옆에 있는 연한 살굿빛 립밤을 집었다. 계산대에서 값을 치르는 기철을 뒤에서 지켜보던 나는 그가 계산을 마치고 돌아서자, 로드숍을 나섰다.

　"다음 주에 중요한 회사 면접 있거든. 그래서 피부관리숍에 일주일 케어 끊었어."

"정말? 나도 케어 좀 받아야 되는데."

"유진아, 같이 갈래? 같이 다니면 할인도 해준대."

"아니야. 일하고 돌아오면 시간 없어."

"아쉽다. 너랑 다니면 재미있을 텐데."

흡사 보통 여자들의 수다 같은 대화를 마친 나는 궁금했다. 요즘은 남자가 여자보다 더 잘 꾸미고 다닌다지만, 기철은 자기관리에 지나치게 철저해보였다. 우리가 처음 만났던 대학 새내기 시절 때는 그저 평범한 남자들 중에서 외모에 좀 더 신경을 쓰는 한 사람으로밖에 안 보였는데, '기철은 혹시 게이가 아닐까'라는 생각이 잠시 스치기도 했지만 평범한 여자와 보통의 연애를 종종 하는 거로 봐서 그건 아닌 것 같았다.

"기철아, 너 요새 만나는 여자친구 있어?"

"아니, 없어. 왜?"

"그럼 좋아하는 사람도 없어?"

"없어. 그런 건 왜 갑자기 물어봐?"

"아니야. 아무것도."

"야, 이유진."

"응."

"너 혹시… 나, 좋아하냐?"

**3. 중요한 이야기는 다음에**

"아니! 아닌데? 왜 그렇게 생각해?"

"네가 내 여자친구에 대해 자꾸 꼬치꼬치 캐물어 보니까."

"난 너 같은 스타일 딱 별로야. 너랑 같이 찍은 사진 보면 사람들이 나한테는 관심 없고 다 너만 예쁘다고 한단 말이야."

"질투 나?"

"네가 나보다 예쁜 건 좀, 질투 나지."

기철은 풋, 하고 웃음을 터뜨렸다. 방금 산 짙은 핑크 립밤을 바른 입술이 방금 물로 막 씻은 복숭아처럼 사랑스럽게 빛났다. 남자를 질투하다니, 나도 내 이야기가 어이없어서 웃어버렸다.


그날, 우리는 저녁으로 삼겹살을 먹으러 식당으로 갔다.

우리가 친구라는 사실은 바로 이곳, 식당에서 확인할 수 있었다. 커플이라면 상추쌈을 싸서 서로의 입에 넣어주고 삼겹살을 오물오물 씹는 입술을 사랑스러운 눈빛으로 바라보다가 흘러내리는 머리칼을 귀 뒤로 부드럽게 쓸어 넘겨주었겠지만, 친구라면 뜨거운 불판 위에서 노릇노릇 익어가는 삼겹살을 집게로 들추며 살피다 "야, 먹어, 먹어"라고 재촉하는 게 전부였다. 우리도 다르지 않았다. 집게와 가위를 든 기철이 삼겹살을 뜨거운 불판 위에 노릇하게 구웠고, 나는 삼겹살과 쌈장과 파채 무침을 넣고 주먹보다 크게 싼 상추쌈을 허겁지겁 내 입에 욱여넣기 바빴다.

"아무리 친구지만, 남자 앞에서 상추쌈을 그렇게 크게 싸서 입이 찢어져라 벌려 욱여넣는 여자는 처음 봤다."

"네가 남자였어? 몰랐어, 미안."

"치, 삼겹살 안 구워. 네가 알아서 먹어."

"다 구웠구먼. 너도 빨리 먹어."

입술을 삐죽 내밀던 기철은 자세를 고쳐 앉은 뒤 나와 마주 앉아 삼겹살을 먹었다. 그때, 어디선가 우리 쪽 테이블을 쳐다보는 시선이 느껴졌다. 나는 콜라를 한 모금 마시며 슬쩍 주위를 둘러봤다.

건너편 테이블에서 여자들 몇 명이 우리를 흘끗거리며 저들끼리 쑥덕거리고 있었다. 자기들은 조용한 목소리로 속삭인다고 생각했겠지만, 저 여자들이 간과하고 있는 것이 있었다. 내 귀는 청력이 무척 뛰어나다는 것이었다. 선천적으로 타고난 것도 있고, 학창시절 때도 이어폰을 잘 쓰지 않은 것이 비결이라면 비결이랄 수 있었다.

건너편의 여자들은 기철에게 관심을 보이고 있었다. "저 남자, 너무 잘생기지 않았어? 남자가 화장했어, 재수 없다. 근데 왜 저런 예쁘장한 남자가 통감자랑 다니는 거야? 여자가 일방적으로 쫓아다니는 것 같은데, 남자에 비해 여자 완전 별로잖아. 여자가 돈이 많은가 봐, 남자가 아깝다."

기철이 잘생긴 건 나도 인정. 그런데, 내가 통감자라니! 기분이 상한 나는 고개를 앞으로 기울여 한 손으로 입을 가리고 기철에게 속삭였다.

"쟤네, 우리 이야기한다. 우리 중 네가 아깝다는데? 나더러 돈 많은 통감자래."

"그래?"

내 이야기를 들은 기철은 쥐고 있던 젓가락을 테이블 위에 탁, 놓았다. 기철은 일부러 그 여자들에게 따사로운 눈길을 보냈다. 은근슬쩍 미소를 날리기도 하고, 가볍게 윙크도 하면서 끼를 부렸다. 기철이 제일 잘하는 것. 그 여자애들의 얼굴이 부끄럽다는 듯 발그레해졌다.

그러던 기철이 갑자기, 자신과 마주앉은 나를 그윽한 시선으로 바라봤다. 뭐지? 내가 의아하게 기철을 쳐다보자 그는 자리에서 엉거주춤 일어나더니 내 이마에 쪽, 입을 맞췄다. 갑자기 너무 놀라서 아무 말도 못 하고 굳어버린 나를 흐뭇하게 쳐다보던 기철은 "이제 갈까?"라고 말하곤 내 곁으로 와서 내 어깨를 한쪽 팔로 다정하게 감싸며 나를 일으켰다. 징그럽게 아까부터 왜 이러냐고 기철의 손을 뿌리치려는 찰나, 기철이 내 귀에 대고 작게 속삭였다.

"쟤네 엿 먹이는 거야, 넌 가만히 있어."

삼겹살을 먹다 어이가 없다는 듯 나를 쏘아보던 여자들의 눈빛이 기철의 잘생긴 얼굴을 다시 한 번 슬며시 쓰다듬으려는 순간, 그가 그 애들에게 들릴 만큼 적당히 큰 목소리로 내게 말했다.

"자기야, 오늘 밤은 집에 가지 말고 나랑 있어 줘. 오빠가 안 보내줄 거야."

그 여자애들이 뜨악한 표정으로 우리를 쳐다봤다. 누가 봐도 남자가 여자한테 푹 빠진 연인 사이. 우리는 서로 몸을 딱 붙인 채 그대로 식당을 나섰다. 식당을 나오자마자 우리는 서로를 밀쳐내고는 동시에 웃음을 와르르 쏟아냈다.

"쟤네 표정 봤어? 완전히 황당한 표정!"

"기철아, 너 뭐야! 진짜 웃겨!"

"누가 누구보고 외모 평가하니? 저런 애들 완전 밥맛이야!"

우리는 한참을 웃으며 버스정류장까지 걸었다. 멀리서도 윤기가 반지르르하게 빛날 만큼 잘생긴 기철을, 스쳐 가는 사람들이 흘끔흘끔 훔쳐봤다.

"근데 기철이는 되게 일찍 자나 봐. 항상 밤늦게 연락이 잘 안 되더라고."

"응, 내가 좀 일찍 자."

"그러고 보니 너랑은 엠티도 한번 같이 안 가본 것 같아.

무슨 이유라도 있어?”

“그냥… 내가 좀 예민해서 누구랑 같이 잠을 못 자.”

“엠티 가면 잠 안 자고 밤새 술 마시고 노는데.”

“그런가? 학기 중에 한번 가볼 걸 그랬네.”

우리는 같은 학교에 다녔고, 기철은 군 복무 때문에 2년 휴학 후 복학해서 아직 대학생이었다. 내가 먼저 졸업하고 취직하긴 했지만, 나도 아직 회사 계약직이었기에 그렇게 안정적이라고 말할 순 없었다.

“다음에 친구들이랑 여행 한번 가지, 뭐.”

“그래, 그러자.”

나는 그렇게 말했고 기철도 동의했지만, 그의 말끝에는 한숨이 매달려 있었다. 내 말처럼, 우리가 이제 마음 편하게 엠티 같은 여행을 할 수 있는 시간이 올까. 안 되겠지. 그건 그냥 말뿐인 거겠지.

내가 탈 버스가 다가오고 있었다. 기철도 같이 타는 버스인데, 그날 기철은 그 버스를 타지 않았다. 뭐 사는 걸 깜박해서 다음 차로 가겠다고 했다. 결국 나 혼자 버스를 타서 창문을 열고 길에 서 있는 기철에게 손을 흔드는데, 그가 내게 말했다.

“유진아.”

“응.”

"너는, 내가 어떤 사람이든 이해해줄 수 있지?"

"당연하지."

나는 평소와는 다른 그의 물음이 뭔가 좀 이상했지만, 아무렇지 않다는 듯 대답했다. 기철이 내 얼굴을 바라보며 미소 지었다. 그 미소에는 설핏, 쓸쓸한 슬픔이 비쳤다.

"넌 진짜 멋있는 친구야."

나는 말없이 기철에게 입 모양으로 '전화할게'라고 하며 엄지와 새끼손가락을 세워 귓가에서 흔들었다. 기철은 고개를 끄덕이며 손을 흔들었다.

버스가 출발했고, 창밖의 기철이 쏜살같은 속도로 멀어지며 작아지다 이내 사라졌다. 버스 안의 사람들이 뿜어내는 기운이 묵직했다. 그들은 집으로 가거나 또 어딘가로 향하고 있겠지. 나는 귀에 이어폰을 꽂는 대신 유리창에 이마를 기댄 채 스치는 밤의 풍경을 바라보며 멍하니 생각에 잠겼다.


그로부터 일주일이 지났다.

날씨는 여전히 더웠고 7월은 꾸물꾸물 느린 속도로 기어가고 있었다. 일을 마치고 집에 도착해 씻고 소파에 누워 TV 드라마를 보고 있는데, 은영에게서 전화가 왔다. 집으로 오는 길에 기철을 봤다는 이야기.

"그래? 근데 뭐, 네가 기철이 본 게 특별한 일이야? 왜 이렇게 놀란 목소리야?"

"그게, 기철이가⋯ 여자⋯."

"뭐? 기철이한테 여자친구 생겼어?"

"아니⋯ 기철이가⋯."

"그래, 박기철. 기철이가 왜, 무슨 사고 쳤어?"

"그게 아니라, 기철이가⋯ 여자였어."

"엥? 그게 무슨 소리야?"

은영은 공무원 시험을 준비하고 있었다. 학원에 다녀오고 아르바이트도 마치고 밤늦게 집으로 오곤 했는데, 길에서 어떤 여자를 봤다고 했다. 밤에도 기온이 좀처럼 떨어지지 않는 여름이니까 사람들의 옷차림도 가벼운데, 그 여자는 키도 크고 몸매도 너무 섹시한 데다 노출까지 심해서 심히 염려스러웠다고 한다. 오지랖이 넓고 심성이 착한 은영은 걱정스러운 마음에 그녀의 뒤를 조금만 따라가기로 했다. 그렇게 길을 걷다, 그 여자가 갑자기 뒤돌아봤고 은영은 너무 놀라 급히 커다란 재활용쓰레기통 뒤에 숨었는데 글쎄, 그 여자가 바로 기철이었다는 것이다.

"말도 안 돼. 기철이랑 닮은 여자겠지."

"처음엔 나도 그렇게 생각했어. 그래서 몰래 사진 찍어서 계속 봐도, 똑같아. 기철이 맞아."

그때 바로 은영이 찍었다는 사진이 휴대폰 메시지로 도착했다. 그 사진은 모두 아홉 장이었다. '모르는 사람인데, 많이도 찍었네' 나는 풋, 하고 웃었다. 하지만 나는 은영이 보낸 그 사진을 보는 순간, 굳게 얼어버렸다.

웨이브 진 긴 머리칼과 새하얗고 맑은 피부, 갸름한 턱선, 또렷한 이목구비와 그 위로 덧칠한 아이라인과 새빨간 립스틱과 가슴골이 훤히 보일 정도로 푹 파인 꽃무늬 민소매 티셔츠와 청 핫팬츠까지. 그 사람은 영락없는 여자였지만, 그 얼굴은 몸은 단번에 알아볼 수 있을 만큼 익숙했다. 그것은 분명 내 친구 기철이 맞았다.

나는 너무 놀라 터져 나오는 비명을 손으로 급히 틀어막았다. 기철은 정녕 게이인가. 미국의 흔한 드라마처럼 내게도 게이 남자친구가 생기는 건가. 하지만 그건 드라마 안에서의 에피소드일 때나 흥미로운 것이지, 현실에서 맞닥뜨린 그 변화는 그저 혼란스럽기만 했다.

나는 기철에게 전화해 당장 만나자고 했다. 그는 학교 수업을 마치고 도서관에서 공부하다 이제 집으로 돌아가는 길이라고 했다.

나는 카페로 가자고 했지만, 기철은 돈이 아깝다며 길가에서 마시자고 했다. 길에는 가로등이 있었지만, 빛이 강하지 않아 어두웠다.

우리는 근처 편의점에서 1,000원짜리 아이스커피를 사서

길가의 벤치에 나란히 앉았다. 우리가 앉은 인도 맞은편으로 버스와 택시와 자가용들이 밤을 가르며 도로를 획획 달리고 있었다.

"기철아."

"응."

"너… 요즘 어디 아픈 데 없어?"

기철에게 말을 건네는 내 목소리가 평소보다 조심스러워진 느낌이었다. 기철이 나를 흘낏, 쳐다봤다. 바람이 차서 얼굴이 붓고 목소리가 좀 변했다는 그는 검은 야구모자를 깊게 눌러써서 얼굴이 반 정도밖에 보이지 않았다.

"뭐야, 뜬금없이 왜 그런 걸 물어?"

"그냥. 네가 걱정되니까 그런 거지."

"너, 나 좋아해?"

"아냐. 나는 나보다 예쁜 남자 안 좋아해."

"그럼 뭔데?"

나는 대답 대신 휴대폰을 켜고 은영이 보낸 사진을 기철에게 보여주었다. 기철은 그것을 한참 동안 골똘히 바라봤다. 시간을 두고 계속 보고 있으면 엉뚱한 그림이 불쑥 튀어나오는 매직아이 그림을 알아맞히기라도 하듯.

"누가 찍은 거야?"

"은영이."

"은영이?"

"피부 뽀얗고, 얼굴 동그랗고, 단발머리. 우리 같은 과였잖아."

"알지, 김은영! 근데 그 애가 왜?"

"야, 박기철."

"응."

"너, 나한테 솔직히 말해. 이 사람, 누구야?"

기철과 나는 한두 번 본 사이가 아니었다. 이성이었지만 동성만큼이나 마음이 잘 맞는 친구였다. 밥도 함께 먹고, 수업도 같이 듣고, 자주 함께 어울려 놀았다. 우리는 사람들에게 연인 아니냐고 오해받을 정도로 친한 친구 사이였다. 대개 학교에서 친하게 지냈더라도 졸업하고 나면 어떤 식으로든 관계가 소홀해지기 마련인데, 우리는 항상 가까운 그 거리 그 자리에서 '친구'라는 이름으로 머물러 있었다.

내가 아는 친구 박기철은, 숨기면 숨겼지 거짓말은 못 하는 성격이었다. 거짓말을 하면 투명하게 속이 다 비치는 스타일이었다. 내 고등학교 후배와 잠깐 사귀었을 때도 내가 어쩌다 우연히 그 사실을 알게 되었는데, '왜 여태껏 말하지 않았느냐'는 내 질문에 그는 이렇게 대답했다.

"네가 안 물어봤잖아."

이번에도 기철은 자세한 건 나중에 시간을 두고 이야기하

자며 먼저 일어났다. 멀어져가는 그의 뒷모습에 한숨이 짙게
배어 나왔다.

※ ※ ※

스물넷 하고도 10년이 흘렀다.

그날은 내가 다니는 의류회사에서 진행되는 프로젝트를
위해 일주일 동안 이탈리아로 출장을 다녀온 날이었다.

명절이면 어른들에게 시집가라는 잔소리에 시달리게 되
는 나이. 나는 추석 즈음 해외출장이 잡힌 것을 행운으로 여
겼다. 추석 때 전이나 송편 같은 명절 음식을 먹지 못하거나
친척들을 못 보는 것 따윈 조금도 아쉽지 않았다. 오히려 느
끼하고 기름진 음식을 끼니때마다 꾸역꾸역 먹지 않아도 되
고, 1년에 한 번 볼까 말까 한 어색한 친척들에게 비교당하고
잔소리에 시달리지 않는 것이 다행이었다. 이탈리아에서 나
흘간의 추석 연휴를 다 보내고도 닷새를 더 머물다 인천국제
공항에 도착한 시각은 밤 9시였다.

겨우 열흘이 지났을 뿐인데 대한민국의 밤은 어느덧 가을
의 서늘한 기운이 한가득 느껴졌다. 떠나기 전 여름의 꿉꿉한

느낌은 많이 사라져 있었다.

집으로 돌아가는 버스 안에서 나는 이어폰을 끼고 휴대폰의 유튜브 방송을 봤다. 남자의 화장법에 대한 개인방송이었다. 영상 속의 꽃처럼 아름다운 청년 BJ는 자기 얼굴을 도화지 삼아 메이크업베이스, BB크림, 펜슬과 립글로스로 남성 화장술을 전수하고 있었다. 10년 전만 해도 화장하는 남자를 외계인인 양 이상한 시선으로 보곤 했는데, 이젠 그런 사람들을 '그루밍족', 즉 '스스로 꾸밀 줄 알고 자기관리에 충실한 남자'로 보고 그에 대한 평가도 무척 좋아졌다. 그에 맞춰 남성용 화장품, 남자 뷰티 제품과 남성 제모나 성형 등 남성미용 시장은 날이 갈수록 발전하고 있었다.

일단 목욕부터 개운하게 하고 푹 자고 나서 부모님 집은 다음 날이나 천천히 가는 게 좋을 것 같았다. 혼자 사는 집에 가서 대충 짐을 풀고 근처 대중목욕탕으로 향했다.

옷을 훌훌 벗고 목욕탕의 큰 온탕에 몸을 푹 담그고 있으려니 그때야 비로소 한국으로 돌아온 것이 실감이 났다. 목욕하고 나와 큰 수건을 몸에 두르고 거울 앞에 서서 젖은 머리카락을 헤어드라이어로 말렸다. 그때, 어떤 늘씬한 여자가 내 옆에 서서 로션을 얼굴에 발랐다.

그 여자 또한 나처럼 큰 수건을 몸에 두르고 있었지만 대

83　　　　　　　　　　　　　　**3. 중요한 이야기는 다음에**

충 훑어보기만 해도 그녀가 훌륭한 몸매의 소유자라는 것을 알 수 있었다. 왼편에 서 있는 내가 자꾸 흘끔거리니 그 아리따운 여인은 내 시선이 신경이 쓰였는지 로션을 바르던 손을 잠시 멈추고, 다시 파우치를 열어 크림과 투명한 립밤을 꺼내 발랐다.

거울에 비친 그녀의 얼굴은 무척 아름다웠다. 피부가 희고 이목구비가 또렷했다. 처음 보는데도 왠지 모르게 낯설지 않은 분위기를 가진 여자였다.

여자들도 남자 못지않게 예쁜 여자를 좋아한다. 흔히 여자들에게 미움받는 예쁜 여자들은 단순히 외모 탓이 아니라 말을 함부로 한다거나 필요 이상으로 깐깐하다거나 미운 짓을 하기에 그런 것이다. 예쁘다는 것은 그 누구도 부정할 수 없는 장점이고 강점이다.

"그쪽에 있는 면봉 좀 주시겠어요?"

"네, 여기."

"고맙습니다."

그녀가 나와 가까운 곳에 있는 면봉을 달라는 부탁을 했고, 나는 면봉 두 개를 집어 그녀에게 건넸다. 그녀의 잘 정리된 손톱은 보라색 매니큐어에 반짝이가 흩뿌려져 있었다. 나는 흘끔거림을 그만두고 파우치를 정리해 먼저 돌아섰다. 그런데, 내 등 뒤에서 그녀가 나를 다급히 불러 세웠다.

'저기요'도 아닌, '잠깐만요'도 아닌, 그 말.

"유진아."

뒤돌아봤지만, 그 자리에는 늘씬한 여자만이 서 있었다. 그때까지도 내 귀를 의심했다. 오랜 시간 비행기를 타고 왔더니 피곤한가 보다. 환청이 들리네. 나는 다시 돌아서려 했고, 그 순간 또 내 이름이 들렸다.

"유진이 맞지?"

"네?"

"여기서 만날 줄은 몰랐어. 오랜만이다."

"저를 아세요?"

의아했다. 처음 보는 그녀가 나를 보며 미소를 짓고 있었다. 우리는 몸에 수건 한 장만 두른 채 마주 섰다. 그녀는 키가 무척 크고 아름다웠으며, 나는 키도 작고 무척 피곤했고 아름답지도 않았다.

"유진아. 나, 기철이."

믿을 수가 없었다. 나는 너무 놀라기도 하고, 내 친구 '기철'의 이름을 함부로 말하는 것도 마음이 상했다. 이 여자가, 내 친구 기철이를 어떻게 알고 있는 걸까. 그보다 더 화나는 건, 내가 자신이 아는 사람인지 아직 정확히 확인도 안 됐는데 내게 무작정 말을 놓았다는 것이었다.

나는 무례하다는 것을 알면서도 그녀에게 가까이 다가가

**3. 중요한 이야기는 다음에**

그녀의 얼굴을 빤히 들여다봤다.

　박기철. 10여 년 전, 어느 날 갑자기 사라진 내 친구. 박기철. 우리가 대화를 나누었던 그 여름밤 이후, 기철은 자꾸만 내 전화를 피했다. 말 못할 출생의 비밀 같은 것이나 집안 사정 탓에 나를 피하는 거라면, 자꾸만 캐묻는 것도 예의가 아닌 것 같아 그날 이후 나는 그와 가끔 간단한 안부 전화만 주고받았다.

　갑자기 사라진 기철의 행방은 묘연했다. 대학 졸업 후 다른 나라로 유학을 가거나 취직을 했다는 이야기도 있었고, 아무도 모르게 조용히 결혼했는데 바람을 피운 게 들켜 이혼을 당하고 폐인처럼 산다는 이야기도 있었다. 극심한 우울증 탓에 약을 먹어오다 끝내 자살했다는 못된 이야기를 하는 이도 있었다. 하지만 그것은 모두 추측이고 심증일 뿐, 기철의 투명한 진실을 정확히 알고 있는 사람은 없었다. 그들 사이에서 그는 그저 '박기철'이라는 아름다운 남자에 얽힌 밝혀지지 않은 신비로운 전설 같은 것이었다.

　'박기철'이라는 이름 석 자를 떠올리면, 기철의 모습과 오래전 은영이 내게 보여줬던 사진 속 그녀의 모습이 겹쳐졌다. 어디선가 잘 살고 있겠지. 애써 태연히 생각하려 해봐도 길을 걷다 로드숍 앞에 나열된 알록달록한 컬러 립밤들을 볼 때면, TV에서 꽃무늬 민소매 티셔츠와 청 핫팬츠를 입은 여자 연예인을 보고 있노라면 나는 괜스레 심장이 철렁 내려앉는 것만 같았다.

"진짜… 박기철 맞아?"

"이유진 맞지? 하나도 안 변해서, 금세 알아봤어."

"아니, 근데 네가 어떻게….."

나는 놀라 터져 나오려는 비명을, 급히 두 손으로 틀어막았다. 그 탓에 몸을 가리고 있던 수건이 스르륵, 흘러내렸다. 나는 바닥에 떨어진 수건을 주워 허둥지둥 몸을 가렸다.

우리 사이로 통통한 알몸의 중년 여성 두 명이 목욕용품을 담은 바가지를 들고 유유히 지나갔다. 나는 오싹한 감각이 피부를 훑고 스쳐 가는 소름 끼치는 기분을 오롯이 느끼며 당혹스러움을 감추지 못하고 내 옷을 넣어둔 수납함으로 냅다 뛰었다.

"괜찮아. 난 여자를 보는 건 아무렇지 않아."

기철은 옷을 주섬주섬 꺼내 입는 내 등 뒤로 굳이 따라와 애써 나를 안심시키려는 듯 괜찮다고, 아무렇지 않다고 말했지만 정작 내가 괜찮지 않았다. 보지 마, 저기 있어! 수건으로 가슴을 가리고 뒤돌아봤을 때, 기철은 저 멀리 수납함을 열고 제 옷을 입고 있었다. 하얀 브래지어와 같은 색의 삼각 팬티, 핑크 티셔츠와 풀색 주름치마, 긴 생머리를 질끈 묶은 갈색 리본 머리핀까지 기철은 영락없는 '여자'였다.

우리는 목욕탕을 나와 근처의 카페로 향했다.

기철은 아메리카노를 마시며 딸기 조각 케이크를 한 스푼 떠먹었다. 포크를 쥔 기철의 오른손의 새끼손가락이 일자로 들려 있었다. 그는 양손으로 머그잔을 가볍게 들고 입술을 작게 오므려 커피를 호로록, 마셨다. 작은 동작 하나하나에도 여자라 믿어 의심할 여지가 없는 사람이었다.

그가 내 눈을 잠시 바라보다, 내 어깨를 약하게 톡톡 두드리듯 차분하게 입을 열었다.

"많이 놀랐지?"

"응. 많이 놀랐어. 그보다… 여태껏 어디서 어떻게 지냈던 거야?"

"나는 그동안 영국에 있었어. 그곳은 성 소수자도 많이 살고, 그곳 사람들은 친절하면서도 타인의 생활에 대해 특별한 간섭이 없어서 나름 편하게 살았어."

"혹시, 수술했어? 무슨 일이 있었던 거야?"

기철은 천천히 고개를 가로저으며 미소를 지었다.

서른넷의 기철은 아름다웠다. 그에게서는 마냥 아름다운 외모뿐만이 아닌, 오랜 시간 다진 단단한 힘이 느껴졌다. 10년, 내가 보냈던 그 10년과는 결코 같지 않은 거친 풍경과 치열한 속도로 흘렀을 그의 시간들. 그 소용돌이 같은 시간들로 인해 더욱더 단단해진 내 친구, 박기철.

"고등학교 때, 그 일이 일어났어."

"고등학교 때?"

기철은 아메리카노를 다시 한 모금 마시곤 숨을 길게 한 번 내쉬었다. 결심하듯, 그렇게. 그리고 천천히 이야기를 시작했다.

꽃 꽃 꽃

변화는, 기철이 열여덟 살이었을 때 찾아왔다.

그날은 초여름의 늦은 밤이었다. 고등학교 수업을 다 마치고 집으로 오는 으슥한 골목길에서, 별안간 기철의 머리카락이 자라고 가슴이 불어나고 목소리가 가늘어졌다. 기철이 너무 놀라 소리를 지르자, 그의 입술 사이로 여자애의 높은 비명이 터져 나왔다. 아침에 분명히 집을 나섰던 아들이, 딸이 되어 돌아온 그 밤. 기철은 당황하고 놀라 쓰러지려는 엄마를 붙들고 울었다. 기철은 그렇게 개똥벌레처럼 울다 지쳐 잠들었는데, 아침이 되자 그 전날 밤은 마치 꿈을 꾸었던 것

　　　　　　　　**3. 중요한 이야기는 다음에**

처럼 남자인 예전으로 다시 돌아와 있었다.

그날 이후, 기철의 삶은 바뀌었다.

햇빛이 맴도는 낮은 평상시대로 활동했다. 그러다 어스름이 지는 저녁이면 집으로 후다닥 달려갔다. 기철은 방문을 꼭 걸어 잠근 채 구석에 웅크려 앉아 까만 물감을 쏟아부은 듯 어둠에 잠기는 창밖 풍경을 바라봤다. 그 누구에게도 자신이 남자에서 여자로 변하는 기괴한 과정을 들키고 싶지 않았다. 이목구비가 변하는 것은 아니었다. 변하는 것은 그의 몸이었다. 밋밋했던 가슴이 크게 부풀어지고, 팔다리와 몸뚱어리 곳곳에서 솟아났던 굵은 털이 순식간에 사라지고, 가랑이 사이가 변했다. 입을 벌리면 가늘고 높은 목소리가 흘러나왔다. 기철은 거울을 들여다보며 밤이 되면 여자로 변하는 모습을, 그 서글프고 기괴하고 외로운 시간들을, 오롯이 홀로 견뎠다. 밤 열 시부터 아침 여섯 시까지.

기철은 큰 병원에 가보기도 했고, 약을 먹어보기도 했고, 용하다는 점집에 찾아가 점쟁이가 써준 부적을 베개 아래 넣고 자보기도 했지만 아무 소용이 없었다. 밤은 박기철이라는 남자를 여자로 만들었다. 밤이면 어김없이 그 여자가 기철을 찾아왔다.

신병검사 때도 기철은 면제를 받았다. 면제 사유는 '호르몬 이상'. 그는 사람들에게 면회가 힘든 아주 먼 곳에서 군 복무한다는 핑계를 둘러대고 2년간 영국에 가서 살았다.

밤만 되면 몸이 변하는 기철은 더 이상 대한민국이라는 나라에서 살기 힘들었다. 한국에서의 밤은 결코 잠들지 않았다. 한국의 밤은 낮보다 밝고 화려했다. 불빛이 꺼지지 않는 도시는 24시간 깨어있었다. 24시간 운영하는 식당과 편의점, 노래방 그리고 거리 위를 영혼 잃은 좀비처럼 비틀비틀 걸어가는 사람들…. 만약 한국에서 일하면서 최대한 몸을 움츠리며 산다고 해도 잠들지 않는 밤을 잃은 도시에서 밤은 큰 눈을 부릅뜨고 기어코 그를 찾아낼 것이었다. 한국에서 사람들의 눈을 피해 산다는 것은 도저히 불가능했다.

수많은 고민 끝에 기철은 영국으로 다시 떠났다. 그곳이라면 남자든, 여자든 상관없이 자유롭게 살 수 있을 것 같았다. 기철에게는 이해받지 못해도, 외로워도, 편안하게 살 수 있는 곳이 필요했다. 박기철이든, 이름 모를 여인이든 그 나라 사람들은 옆집에 사는 한국인이 누구인지 상관하지 않을 것 같았다. 그는 그곳에서 쭉 10년을 살았다.

그곳에서 기철의 이름은 'Layla'였다.

Layla. 레일라. 아랍어로 '밤'이라는 뜻의 단어였다.

※ ※ ※

"기철아, 정말 오랜만이야."

"반가워, 유진아. 10년이 정말 빠르네. 너는 하나도 안 변했어."

나는 기철을 물끄러미 바라봤다. 아니 레일라를, 처음 보지만 낯설지 않은 아름다운 그 여인을.

"결혼은 했어?"

내가 묻자, 기철은 덤덤한 표정으로 고개를 가로저었다.

"너라면 나 같은 사람과 함께 살 수 있겠어? 밤낮으로 몸이 변하는데. 그럼 나는 남자와 여자 둘 중 누구와 결혼해야 하지?"

나는 순간 발칙한 상상을 하고 말았다. 침대에서 기철과 사랑을 나누다, 한밤중에 눈을 떠보니 레일라가 나를 꼭 껴안고 있으면? 나는 나도 모르게 고개를 가로저었다.

"유진아, 어디 안 좋아?"

"좀 어지러워."

기철은 자기 가방에서 주섬주섬 뭔가를 꺼냈다. 그가 가방에서 꺼내 내게 내민 것은 노란빛이 도는 손톱만 한 알약이었다.

"빈혈약이야. 약 너무 많이 먹는 건 안 좋지만, 급할 땐 한 알씩 먹어."

"너, 빈혈 있어?"

"밤에만."

빈혈은 한 달에 한 번 생리하는 여자들이 흔히 겪는 질환이었다. 빈혈도 여러 종류가 있을 테지만, 남자보다는 여자가 훨씬 더 많이 가지고 있는 만성질환이다. 나는 기철이 건넨 노란 알약과 물을 삼키고 한숨을 폭, 내쉬며 기철을 똑바로 응시했다. 이런 것도 들고 다니는구나, 박기철. 그가, 답답하면서도 한편으로는 짠했다.

"참, 힘들겠다. 박기철."

"괜찮아. 내가 또 재미있는 것 알려줄까?"

"뭔데?"

"나, 한 달에 한 번…."

"뭐야! 너, 생리도 해?"

"아니야. 그냥… 한 달에 한 번씩 배랑 허리가 너무 아파. 뭐 흐르거나 그런 건 없는데. 그리고 정말 예민해져."

나는 어이가 없어 그만 풋, 하고 웃어버렸다. 기철도 나를 따라 웃었다. 온전한 여자인 나보다 더 예쁜 남자가 크고 무거운 짐 보따리를 한가득 안은 채 내 눈앞에서 마냥 괜찮은 척 미소를 짓고 있었다.

병원에서는 그저 이름 모를 희귀질환에 걸린 환자였고 영국에서는 과거를 알 수 없는 남자와 신비한 여인이었지만, 내게는 흘러가 버린 시간 속의 애잔한 친구이자 귀한 인연이었다.

나는 화제를 돌렸다.

"영국에선 뭐 하고 살았어?"

"나, 메이크업 아티스트야. 거기서 미용학 전공해서 일하고 있었어."

"정말? 멋지다. 축하해."

나는 테이블에 올린 기철의 손을 가만히 들여다봤다. 마디가 제법 굵지만 선이 고운 여자의 손이었다. 반지는 끼지 않았다. 오직 한 사람으로 살아가기도 버거운 삶. 기철과 레일라로 번갈아가며 살기 얼마나 힘들었을까. 나는 기철이 안쓰러워져 괜히 코끝이 찡했다.

그 와중에도 피로에 흠뻑 젖은 눈꺼풀이 무거워졌다. 나는 열흘 동안 이탈리아 출장을 갔다가 오늘 금방 돌아온 거라고, 기철에게 자초지종을 설명했다.

"유진이, 많이 힘들겠다. 얼른 들어가 쉬어."

"우리, 할 이야기 너무 많은데…."

기철은 테이블 위에 놓인 내 손을 꼭 잡았다 놓은 뒤, 다시 내 손등을 부드럽게 어루만졌다.

"중요한 이야기는 다음에 또 만나서 하자."

기철은 진짜 여자 같았다. 여자들이 전화로 한창 수다를 떨다가 전화를 끊을 즈음 하는 말. 중요한 이야기는 다음에 만나서 해.

"그래, 우리 중요한 이야기는 다음에 또 하자."

"유진아, 나도 너한테 해줄 이야기 진짜 많아. 아쉽다."

나는 기철, 아니 레일라의 손등에 내 손을 포개었다. 그녀의 손은 선이 고왔지만 시골길처럼 거칠고 단단한 굴곡이 느껴졌다. 인생의 수많은 경험이 스쳐 지나간 자국이 남겨진 손이었다. 삶은 누구에게나 그랬다. 기철에게 다가온 삶 또한 그러했다. 결코 쉬운 삶이 아니었다. 밤낮으로 성(性)이 바뀌는 삶은 두 사람의 인생의 무게를 오롯이 혼자서 견뎌야 하는 삶이었다.


기철은 카페를 나서면서 나를 차로 집까지 데려다주겠다고 했지만 나는 바로 길 건너편 아파트가 우리 집이라고 했다.

"나는 여기 근처 대학에서 강의하고 있어. 밤에만."

우리 동네 부근에는 큰 대학교가 있었다. 해외에서 초빙되어 1년 동안 미용예술과에 출강하는 유능한 교수가, 기철이었다.

"거기서 넌 레일라 박 교수겠구나?"

"빙고."

기철은 환하게 웃었다. 왠지, 기철보다 레일라가 더 오랜 인연인 것처럼 느껴졌다. 오후의 햇살을 이불 삼아 꾸벅꾸벅 조는 나른한 길고양이가 된 것마냥 그저 편안했다.

"기철아. 우리, 다음에는 맛있는 것 먹으러 갈래?"

"나, 얼마 전에 간 식당에 치킨파스타 진짜 맛있었는데."

"치킨파스타? 맛있겠다."

기철이 내 귀에 대고 속삭였다.

"저녁 먹으러 갔었거든. 여자들밖에 없더라."

여자들. 우리는 동시에 웃음이 터졌다. 우리를 감싸고 있는 가을 밤공기가 상쾌했다. 우리는 다음을 기약한 후 헤어졌다.

※ ※ ※

"자! 고객님들, 예쁘게 웃어주세요. 하나, 둘, 셋!"

쉴 새 없이 터지는 카메라 셔터 누르는 소리와 남자 사진사의 힘찬 목소리가 울리는 밤의 스튜디오는 무척 환했다.

우리는 지난 1년이라는 시간 동안 서로가 잘 아는 맛집에 번갈아 들러서 식사하고, 팔짱을 끼고 다니며 서로의 옷과 화장품과 장신구 따위를 골라주고 밤늦도록 전화로 수다를 떨었다. 우리는 10여 년 전 절친했던 사이로 돌아가 있었다. 묘한 기류가 흐르지만 '친구'라는 이름으로 관계를 유지하는 남녀가 아니었다. 기철도, 레일라도 나의 소중한 친구였다.

우리는 서른다섯 번째 가을을 맞아 스튜디오에서 사진을 찍기로 했다. 기철과는 낮에 만나 커피를 마시며 사진을 많이 찍었었다. 그럴 때마다 기철은 여느 남자들처럼 귀찮아하면서도 내 휴대폰을 향해 애써 멋진 미소를 지어주었다. SNS에 올린 기철과 내가 함께 찍은 사진을 보며 내 동료들과 친구들은 기철을 '유진의 남자친구'라고 믿었다.

레일라는 우아한 웨이브 펌이 들어간 갈색 머리를 길게 늘어뜨리고 빨간 시폰 원피스를 입고 진주색 하이힐을 신었다. 촬영 예약 때 선택사항으로 있었던 '메이크업'에는 체크하지 않았다. 나에게는 훌륭한 메이크업 아티스트, 레일라 박이 있었으니까.

레일라는, 은색 반짝이 원피스를 입고 파란 하이힐을 신은 나의 밋밋한 얼굴에 갖가지 색을 들여 곱게 화장을 해주었다. 티 한 점 안 보이도록 환하고 매끈하게 커버한 피부, 화사한 펄 아이섀도, 또렷하고 진하게 그린 검은 아이라인, 강렬한 느낌의 빨간 립스틱…. 레일라가 내 얼굴을 마주 보며

**3. 중요한 이야기는 다음에**

그림을 그리듯 정성껏 화장을 해주었다.

다음 주면, 다시 영국으로 떠날 레일라.

"이제 가면, 우리 또 언제 만날 수 있을까?"

밤에만 만날 수 있는 친구 레일라는 내게 되뇌곤 했다. 그녀의 한숨 섞인 말에 나는 대답했다.

"자주 연락하면 되지. 우리 집에 놀러 와."

말은 그렇게 했지만 한국과 영국이 버스 타고 바로 오갈 수 있는 곳도 아니고, 힘들 것이었다. 어쩌면, 그 혹은 그녀와의 인연의 페이지는 이 시간이 마지막 장일지도 몰랐다.

레일라는 카메라가 번뜩이는 눈을 부라리며 쳐다봐도 그 앞에서 기죽지 않고 당당하게 포즈를 취했다. 나와 함께 사진을 찍으면서 그녀는 내 허리를 다정하게 안으며 말했다.

"유진아, 결혼할 때 젤 먼저 나한테 알려줘야 해. 내가 유진이 결혼식은 꼭 볼 거니까. 네 신부 화장은 내가 해줄게."

"결혼 안 할 건데? 난 그냥 혼자 살 거야."

"네가 안 하려고 해도 남자들이 가만 안 둘걸? 그리고 결혼 안 하는 게 결심한다고 되는 게 아니야. 인생이란 게, 계획하고 결심한다고 다 그렇게 살아지는 게 아니더라."

"뭐야. 지금 그 말투, 왕언니 같아."

"내가 너보다 경험이 많잖니. 남자도 겪었고, 여자도 겪고 있고. 그러니까, 언니 말 들어. 좋은 남자 만나. 넌 그럴 자격이 있어.”

나는 왠지 가슴이 먹먹했다. 기철의 병이 다 나으면, 레일라도 사라지겠지. 세상의 모든 인연이 좋든 싫든 언젠가는 끝나겠지만 레일라를 잡은 손을 놓고 싶지 않았다. 그녀를 만날 수 있는 밤을 잃고 싶지 않았다.

우리는 두 번째 촬영으로 가져온 옷으로 갈아입었다. 세련되고 깔끔한 바지정장이었다.

레일라는 긴 머리를 몽땅 넘겨 깔끔하게 뒤로 질끈 묶고 남색 넥타이를 두르고, 검은 바지정장을 입은 채 손을 바지 주머니에 끼우고 카메라를 향해 거만한 표정을 지었다. 회사에 널려있는 흔한 남자 상사의 표정. 키가 크고 늘씬한 몸매와 당당한 몸짓과 또렷한 말투. 레일라는 멋진 여자였다. 결코 밤에만 머물러서는 안 될 존재였다. 그녀의 존재를 눈부시게 비추기에 밤은 너무나 짧고 어둡기만 했다.

갈색 바지정장을 입은 내가 단독촬영한 뒤, 우리는 아까처럼 둘이 나란히 서서 함께 사진촬영을 했다.

레일라는 나보다 키가 월등히 컸다. 기철도 키가 큰데, 레일라도 크다니. 성별이 바뀌더라도 이목구비나 키는 크게 변하지 않았다. 친구로 먼저 만나지 않았더라면 그에게 고백을 해버렸을지도 모르겠다고, 나는 생각했다.

**3. 중요한 이야기는 다음에**

＊＊＊

기철은 그다음 주 주말, 인천국제공항을 통해 출국했다. 이제 언제 다시 만날지 모를 인연. 우리는 공항 출국장에서 인사를 나누었다.

기철은 나를 꼭 안아주었다. 나도 기철을 다정하게 안으며 그의 넓은 등을 툭툭, 두드렸다.

"잘 가, 친구야. 연락 자주 하자."

"유진아, 그동안 고마웠어."

"다음에는 레일라 데려오지 마."

기철이 안고 있던 몸을 떼고 내 눈을 보며 왜냐고 물었다. 기철과도 친했지만, 레일라와도 잘 지냈던 나였으니까 그랬으리라.

"레일라는 여자가 봐도 너무 멋있어서 질투 난단 말이야."

내가 그렇게 말하자, 기철은 눈이 없어질 만큼 환하게 웃으며 다시 한 번 나를 끌어안았다. 절대 남녀 간의 이성적인 의미로서의 포옹이 아니었다. 지구에서 함께 살아가는 인간이 인간에게 온전히 나누어줄 수 있는 36.5도의 체온이었고, 친구이기에 할 수 있는 따뜻하고 다정한 위로였다. 내가 눈물을 글썽이자, 기철이 두 손으로 내 눈가를 부드럽게 닦아주었다.

"다음에 만날 땐, 기철이로만 올게."

"아까 했던 이야기는 장난인 것 알지? 기철이도, 레일라도 나에겐 정말 소중한 친구야. 우리 또 만나자."

"날 이해해줘서 고마워."

"나도 고마워, 친구."

"중요한 이야기는 다음에 우리 만나면 또 하자, 밤새도록."

"그래, 중요한 이야기는 다음에."

게이트를 나서는 기철, 그 뒤에서 손을 흔드는 나⋯. 기철이 게이트 문을 들어섰다. 그때야 내 눈에서 눈물이 울컥, 터져 나왔다.

누가 내 모습을 봤다면, 공항에서 연인과 헤어져 우는 처량한 여자로 보였으리라.


그때, 눈물로 뿌옇게 번지는 흐릿한 시선 너머 게이트를 들어서는 한 여자가 보였다.

높게 올려 묶은 긴 생머리, 강렬한 검은 가죽 재킷, 아름다운 실루엣과 그 당당한 걸음걸이⋯.

그녀가 뒤돌아보았다. 레일라. 스쳐 가는 수많은 사람 사이에 멈춰선 레일라는 세상 누구보다 멋진 미소를 지으며 내

**3. 중요한 이야기는 다음에**

게 손을 흔들었다. 나도 그녀를 향해 손을 흔들었다.

안녕, 레일라. 너는 정말 멋있는 여자야.

기철도, 레일라도 사라진 출국장 앞에서 나는 눈물을 닦아내고는 뒤돌아섰다.

공항 너머 하늘로 기철이 탄 비행기가 날아가고 있었다.

저녁 하늘이 상처 입어 피가 배어 나오는 무릎처럼 붉게 번지고 있었다. 많이 아플 거야. 하지만 조금만 지나면 강해지고 용감해질 것이다. 세상 누구보다 멋있는 밤의 여자, 레일라처럼.

어둠이 짙어가고 있었다.

영국으로 향하는 비행기 안에서 기철은 지금 레일라로 바뀌었을까. 갑자기, 레일라가 무척 보고 싶어졌다.

나는 당당한 걸음걸이로 뚜벅뚜벅 혼자, 공항 택시정류장으로 향했다.

밤에만 만날 수 있는, 세상 누구보다 멋있는 그녀처럼.

나도 세상의 어둠을 밝혀주는 눈부신 여자가 되기로 다짐하며 발끝에 힘을 주어 걸었다.

레일라처럼.

# 4

# 보고 싶다

"티켓팅? 그게 뭐가 그렇게 어려워? 그냥 마우스로 클릭 몇 번만 하면 되는 것 아냐?"

"그냥 티켓팅이 아니야! 오빠들 입대 전 마지막 콘서트라니까!"

"군대 가면 평생 못 보냐? 2년도 안 돼서 금방 나오고 하던데, 뭘! 근데 넌 만날 그렇게 연예인 꽁무니만 졸졸 쫓아다니고, 도대체 언제 정신 차릴래?"

수빈은 싸늘하게 식은 눈빛으로 오빠 명호의 얼굴을 쏘아봤다. 반면, 명호는 수빈을 쳐다보지도 않은 채 동생에게 계속 잔소리를 늘어놓았다.

"그런 것 고민할 시간에 차라리 공부해. 대학 안 갈 거야?"

명호는 소파 위에 널브러진 채 두 다리를 쩍 벌리고 과자를 집어 먹으며 TV를 보고 있었다. TV에서는 웃기는 예능 프로그램이 방영되고 있었다. TV 속 효과음인 인위적인 웃음소리가 터질 때마다 명호는 그 소리에 홀린 듯 따라서 경박스러운 웃음을 터뜨렸다. 수빈은 그때까지 잠자코 있다가,

더 이상은 못 참겠다는 듯 소파에서 벌떡 일어나 명호의 무릎을 냅다 걷어찼다.

"아야! 이게 미쳤나!"

"그래! 미쳤다!"

수빈은 쿵쿵 발을 구르며 자기 방으로 걸어가 문을 쾅, 닫았다. 명호를 걷어찬 발끝이 무척 아팠지만, 수빈은 그까짓 것 따윈 아무 상관 없다는 듯 침대에 털썩, 주저앉았다. 수빈의 눈에 자기 방의 벽에 잔뜩 도배된 그들의 브로마이드들이 비쳤다. 수빈은 그들을 가만히 바라보다가 조용히 읊조렸다.

"오빠…."

'오빠'를 부르자마자 기다렸다는 듯 수빈의 눈에 눈물이 그렁그렁 고이더니 결국 눈물 한줄기가 주르륵, 흘렀다. 마치 자신이 슬픈 사랑에 빠진 여주인공이 된 것만 같은 기분이 든 수빈은 그 눈물을 굳이 닦아내지 않고 휴대폰을 들어 최대한 얼굴이 작아 보이는 각도로 사진을 찍었다. 수빈은 찍은 사진을 확인했다. 평소와 별반 다르지 않은 단발머리와 볼이 통통한 동그란 얼굴이었다. 수빈은 휴대폰의 사진 보정 앱으로 사진 속 얼굴을 갸름하게 다듬고 눈을 더 선명하게 하고 아련한 필터를 씌웠다. 사진 보정 작업이 끝난 후, 수빈은 자신의 인스타그램에 그 사진과 글을 올렸다.

**4. 보고 싶다**

오빠들 콘 티켓팅 해야 함♡ 티켓팅 성공하자♥

#두근두근 #티켓팅 #피켓팅 #넘떨려 #눈물 #슬픔
#보고싶다 #실패하면뛰어내릴거야 #보이보이
#군입대전 #콘서트 #팬 #뽀순이 #사랑해요

곧이어 '좋아요' 알람이 하나둘씩 울렸다. 평소라면 누가
하트를 클릭했는지 일일이 다 확인할 테지만 수빈은 애써 눈
을 꼭 감고 두 귀를 막았다.

❄ ❄ ❄

수빈에게 그들이 다가온 것은 2년 전 봄날의 주말이었다.

그 해 열네 살이었던 수빈은 짝사랑하던 남학생에게 고백
했다가 실연을 당해 기분이 우울했다. '그래, 내가 걔를 잘못
봤던 거야. 겉만 번지르르하고 멍청하고 욕도 많이 한다고'
수빈은 애써 자신을 달랬지만, 아무렇게나 구겨진 마음은 쉽
사리 반듯하게 펴질 기미가 없었다.

그 시절엔 누구나 다 그렇듯 수빈 또한 자신이 제법 컸다

고 느꼈다. 누구나 그렇지 않은가. 초등학생일 때는 중학생이 제법 큰 것처럼 보이지만 실제로는 중학생이 되어도 어린 건 마찬가지고, 다 컸다고 생각했던 스무 살이 서른이 되어 그 시절을 생각하면 그때도 몸만 커버린 철부지라는 걸.

수빈은 소파에 기대어 앉아 감자 스낵을 바삭바삭 씹으며 TV 채널을 리모컨으로 하릴없이 돌렸다. 이제는 유치해 보이는 만화, 어설픈 신인 개그맨들의 코미디 쇼, 돼지갈비와 간장게장을 파는 홈쇼핑, 지난밤에 봤던 드라마 재방송…. 이럴 거면 가족모임에 갈 걸 그랬나. 수빈의 동갑내기 고종사촌인 소미가 전국영어경시대회에서 금상을 받아 고모가 친척들한테 한턱낸다며 마련한 식사 자리였다. 수빈은 몸이 안 좋다는 괜한 핑계를 대며 가지 않았던 자리. 지금쯤 그들은 뷔페에서 스테이크와 간장게장과 생선회와 케이크 따위를 먹고 있겠지. 수빈은 저도 모르게 입안에 고인 군침을 꼴깍, 삼켰다. 점심으로 혼자 끓여 먹은 자장라면 맛이 혀끝에 맴돌다 침과 함께 목구멍으로 꿀렁 넘어갔다. 수빈은 이내 고개를 휘저었다. 만약 모임에 가서 뷔페에서 이것저것을 접시에 담아 자리로 돌아와 먹으려고 입을 벌리는 순간, 고모가 일부러 수빈의 앞에 마주 앉아 수빈의 기를 팍팍 죽일 게 빤했다.

"우리 소미는 이번에 전교에서 중간고사 또 1등 했지 뭐

**4. 보고 싶다**

야. 수빈이는 전교에서 아니, 반에서 몇 등 하니? 언니는 애 공부 신경 좀 써요. 애들은 엄마가 조금만 신경 써주면 성적 금방 올라간다니까. 수빈이도 딴짓하지 말고 소미처럼 공부 열심히 해. 아무리 못해도 대학은 가야 할 것 아니니."

운명은 우연의 탈을 쓰고 다가온다는 것을, 수빈은 그땐 몰랐다. 모든 운명은 한 편의 잘 짜인 드라마처럼 얽히고설 켜 잠시 어긋나는 듯 보이지만 곧 한 길로 이어져 그들은 기 필코 만나게 되리라는 것을. 만약 수빈이 그날 고백을 승낙 받고 기분이 좋아 친구들과 놀러 가거나 가족모임에 갔더라 면 그들을 보지도 못했을 것이었다.

수빈이 신경질적으로 리모컨을 누르며 채널을 돌리다 문 득, 채널을 멈췄다. 그 채널에서는 음악프로그램의 신인가수 를 소개하는 코너가 진행되고 있었다.

"안녕하세요! 저희는 '보이보이'입니다!"

보송보송한 햇감자를 닮은 다섯 명의 풋풋한 남자 멤버들 이 합창하듯 입을 모아 힘차게 인사했다. 보이보이? 이름 참 재밌네. 수빈은 그룹 이름을 되뇌며 화면에 비친 멤버들의 얼굴을 찬찬히 훑어보았다. 모공 한 점 보이지 않는 깨끗한 피부와 서글서글하게 생긴 이목구비. 그러나 그 사이로 언뜻 냉정하고 진지한 분위기도 느껴졌다. 그들은 스무 살가량의 청년들이었다.

간단한 소개를 마치고 그들의 데뷔 무대가 시작되었다.

'보고 싶다'라는 곡은 신나는 펑크 사운드의 댄스곡이었다. 키가 적당히 크고 얼굴이 빛나는 그들은 첫 무대가 아닌 것처럼 가벼운 몸짓으로 무대에서 날아오르듯 춤을 추며 노래를 불렀다.

수빈은 앉아 있던 자리에서 홀린 듯 멍하니 TV에 시선을 둔 채 천천히 몸을 일으켰다. 수빈이 먹고 있던 감자 스낵은 이미 바닥에 흩어져 있었다.

그날부터였다.

수빈의 마음속에 그 다섯 명이 뚜벅뚜벅 걸어 들어온 것은. 그중 가장 수빈의 마음을 흔들어놓은 것은 눈매가 시원스럽게 크고 우뚝 선 콧날이 돋보이는 멤버 유준이었다. 수빈은 보이보이의 팬카페에 가입하고, 음반을 사고, 그들의 인스타그램에 접속해 팔로우를 신청했다.

수빈이 그들의 팬이 되고 나서 그들을 처음 만난 날은 무더운 여름날이었다.

부여에서 서울까지 버스로 두 시간이 넘게 걸리는 그 거리를 수빈이 친구 영아와 함께 달려갔던 그날. 열네 살 소녀가 맞닥뜨린 서울이라는 거대한 괴물 같은 도시는 금방이라도 수빈을 집어삼킬 듯 잔뜩 겁에 질리게 했다. 수빈의 엄마는 자신의 딸이 자기를 닮아서 고집이 보통 센 게 아니라는 것을 알고 있었다. 수빈에게 위험하다고, 서울은 눈 뜨고도 코 베어 가는 곳이라고 아무리 말해봐야 들은 척 만 척하고 자기가 서울로 가는 걸 허락하고 용돈을 줄 때까지 울고불고 떼를 쓸 게 분명했다.

그날 수빈은 학교에서 생리통 탓에 배가 너무 아프다고 거짓말하고 조퇴한 뒤 집에 알리지 않고 부랴부랴 고속버스 터미널로 향했다. 영아 또한 몸살 기운이 있다는 거짓 핑계를 대고 수빈과 학교 탈출에 성공했다. 교복을 갈아입을 시간도 없었다. 그들은 교복인 흰 블라우스와 청색 체크무늬 스커트를 입은 채 등교할 때 책가방에 미리 챙겨온 선물을 소중하게 손에 들고서 신이 나 서울로, 그들이 공연하는 홍대 앞으로 버스를 타고 달려갔다.

그곳에 다섯 명이 있었다.

그들의 빛나는 실물을 처음 본 순간, 수빈은 벅차오르는 감동에 눈물을 멈추지 못했다. 거리의 야트막한 야외무대 위에서 그들은 '보고 싶다'를 열창했다. 꺄아아! 꺄아악! 까마귀마냥 괴성을 지르며 방방 뛰며 열광하는 친구가 부끄러워진 영아는 발그레해진 자신의 얼굴을 응원 피켓으로 가렸다. '사랑해요, 에이슨 오빠♥' 영아가 얼굴을 가린 피켓에는 영아의 최애 멤버인 에이슨의 이름이 반짝반짝 수놓아져 있었다.

두 곡을 마치고 무대를 내려오는 그들을 놓칠세라 수빈은 그들에게 달려갔다. 그들은 여러 팬들에 휩싸여 있었다. 수빈은 마음 모서리에 붙은 조그만 용기 한 조각까지 박박 긁어모아 떨리는 목소리로 유준에게 말을 걸었다.

"오빠, 사인해주세요."

수빈은 쿠키를 포장한 선물상자와 함께 자신이 소장한 보이보이의 음반을 유준에게 조심스레 내밀었고, 유준은 수빈이 건넨 음반을 펼쳐 노련한 손놀림으로 사인을 해주며 수빈에게 물었다.

"이름이 뭐예요?"

"수빈이요."

"몇 학년 몇 반?"

"네?"

수빈은 흠칫, 놀랐다. 나이를 물어보는 건가? 복지센터 다니는 할머니처럼 '7학년 3반' 이런 식으로 말해야 하는 건가? 수빈이 당황해서 아무 말도 못 하고 우물쭈물하고 있는데 유준이 수빈을 보며 싱긋, 웃었다.

"어디서 왔어요?"

"부여에서 왔어요."

**4. 보고 싶다**

"와, 거기 되게 멀지 않아? 오빠 보러 온 거예요?"

"네. 오빠가 너무 보고 싶어서… 학교 땡땡이치고 두 시간 넘게 고속버스 타고 왔어요."

왈칵 눈물이 솟구치려는 것을, 수빈은 꾹 눌러 참았다. 평소 신경 쓰지도 않던 화장도 한 듯 안 한 듯 공들여 했는데. 수빈은 터진 물풍선처럼 잔뜩 일그러진 채 눈물을 쏟아내는 흉한 얼굴을 유준에게 보여주고 싶지 않았다.

유준은 싱그럽게 웃으며 CD를 다시 내밀었다. CD에는 유준의 사인과 글귀가 휘갈겨져 있었다.

'TO. 수빈_ 공부 열심히 해요♡'

수빈은 CD를 소중하게 품에 안고 그에게 다시 수줍게 말을 건넸다.

"오빠, 사진 한 번만 찍어주세요."

유준은 수빈의 부탁에 흔쾌히 고개를 끄덕이곤 수빈의 손에 들린 휴대폰을 향해 포즈를 잡았다. 수빈이 그때까지 긴장을 풀지 못하고 표정까지 굳은 채 바짝 얼어 있자, 유준이 수빈의 어깨를 토닥이며 말했다.

"수빈아, 웃어!"

순간, 수빈은 유준의 손이 닿은 어깨가 마법이라도 건 것처럼 더욱더 얼어붙는 것을 느꼈다. 얼음이 된 수빈은 겨우 미소를 지으며 유준과 사진을 찍었다. 수빈은 유준과 사진을 찍은 뒤 그에게 꾸벅, 인사를 했다.

"오빠, 감사합니다."

수빈은 엉겁결에 허리를 푹 숙여 인사를 하면서도 자신의
행동이 무척 바보스럽고 창피하게 느껴졌다. 그때였다. 유준
이 수빈의 귓가에 가까이 얼굴을 갖다 댔다. 뭐지? 설마… 순
정만화의 한 장면처럼, 키스하려는 건가? 수빈은 그것이 자
신의 엄청난 착각인 줄 뻔히 알면서도 긴장한 몸을 잔뜩 움
츠리며 눈을 살짝 감고 준비태세를 갖췄다.

"꼬마야, 공부 열심히 해. 집에 조심히 들어가고."

유준이 어린아이를 사랑스럽게 달래듯 수빈의 귀에 가만
가만 속삭였다. 그때야 수빈은 얼굴이 붉어진 채 눈을 떴다.
이미 그는 수빈을 지나쳐 자신의 또 다른 팬들에 둘러싸여
있었다.

에이슨에게 사인을 받고 함께 사진을 찍은 영아가 수빈에
게 다가와 물었다.

"야, 너 왜 이렇게 겁먹었어? 오빠가 너한테 욕했어?"

"욕은 무슨, 우리 오빠 그런 사람 아냐."

"그럼 뭐라고 했는데?"

수빈은 또다시 요동치는 심장을 진정시키며 가쁜 숨을 고
른 뒤, 유준이 자신에게 했던 말을 영아에게 그대로 되새김
질했다.

**4. 보고 싶다**

"꼬마야, 공부 열심히 해. 집에 조심히 들어가고."

"뭐?"

"오빠가, 나한테 그런 말을 했다고!"

외마디 비명을 지르듯 한마디 내지른 수빈은 결국 다리에 스르륵 힘이 풀려 길 위에 털썩, 주저앉고 말았다. 수빈은 언젠가 TV에서 봤던 큰 공연장에서 콘서트를 관람하던 수많은 팬이 너무 열광한 나머지 그만 실신해 정신을 잃은 채로 들것에 실려 가는 장면을 떠올렸다.

그날, 집으로 돌아오던 고속버스 안에서 영아는 수빈의 한쪽 어깨에 기대어 정신없이 잠들었지만, 수빈은 가슴이 두근거려 도무지 잠을 이룰 수가 없었다. 수빈은 휴대폰 속에 담긴 너무나 소중한 그 사진을 내내 들여다보며 머릿속으로 홍대 앞 무대에서의 찰나를 반복 재생시켰다.

한편, 제 딸이 서울까지 다녀온 것을 까맣게 몰랐던 수빈의 엄마는 뒤늦게야 그 사실을 알고 노발대발했다. 말도 안 하고 서울에 갔다 왔다니. "못 말린다, 거기가 어디라고 가!" 수빈에게 목소리를 높이며 등짝 스매싱을 날리는 수빈 엄마 곁의 수빈 아빠가 껄껄, 웃으며 한 마디 내뱉었다.

"우리 딸, 대단하네. 혼자 서울도 다녀오고. 다 키웠네."

그리고 그날 밤, 수빈의 집에서는 온갖 험한 말과 고성이 난무하는 목소리 대결이 한바탕 벌어졌다.

기억은 참 이상한 마법이었다.

그것은 순식간에 만들어지기도 하고 언제 그랬냐는 듯 깡그리 지워지기도 했고 오랜 시간에 걸쳐 단단하게 다져지기도 하며, 그것이 주는 상처를 평생 끌어안고 사는 경우도 있다. 그리고 필요에 따라 몇 초짜리 순간이 세 시간짜리 영화처럼 길게 늘어나기도 하고, 오랜 시간이 간단히 요약한 한 장면이 되기도 했다. 유준이 수빈에게 새긴 홍대 거리에서의 짧았던 순간의 기억은 순식간에, 그리고 쫄깃한 피자 치즈처럼 길쭉하게 늘어났다.

수빈이 직접 겪었던 일은 그 후에 팬카페와 보이보이 멤버들이 출연한 어느 TV 연예프로그램을 통해 두고두고 회자되었다.

그 TV 연예프로그램 속 리포터가 유준에게 물었다.

"유준 씨, 신인시절 때 팬이 직접 겪은 유명한 일화가 있다고 하던데 유준 씨는 혹시 알고 계시나요?"

"어떤 일화요?"

"지방에서 올라온 소녀 팬에게 귓속말로 '꼬마야'라고 부르며 공부 열심히 하라고, 집에 잘 들어가라고 하셨다고 하던데요?"

다섯 멤버들이 호탕하게 웃었다. "유준이가 원래 닭살 돋는 소리를 잘 못 하는데 왜 그랬을까요. 그 팬이 유준이의 이상형이었나 봅니다. 유준 형이 우리한테는 터프해도 팬들에게는 엄청 다정해요."

TV 속에서 리포터가 유준에게 그 팬에게 영상편지를 남기라고 부추겼고, 카메라가 유준의 말간 얼굴을 클로즈업하며 꿈결처럼 뽀얀 화면으로 바뀌었다. 유준이 카메라를 따스한 눈빛으로 바라보며 말했다.

"꼬마야, 안녕? 그때 네가 선물했던 과자 잘 먹었어. 그날 부여에서 오빠 보러 와줘서 고마워. 그날 집에 잘 들어갔니? 공부 열심히 하고, 또 보자."

오빠가 날 기억하다니! 수빈은 그 TV 인터뷰를 보면서 금방이라도 TV 화면을 뚫고 들어가 그의 품에 와락 안기고 싶은 뜨거운 마음을 주체하지 못하고 마룻바닥을 데굴데굴 구르며 괴성을 질렀다. 아아악! 오빠! 그게 나에요! 꺅! 그때 집에 있는 가족 중 누군가가 수빈을 봤다면 분명 미쳤다고 혀를 끌끌 찼을 것이었다.


수빈에게 '보이보이'는 단순한 아이돌 가수가 아니었다.

수빈에게 있어서 그들은 음악에 대해서라면 못 하는 게 없는 능력자였고, 이목구비와 키와 머리카락 한 올까지 잘생긴 조각미남이었으며, 여자라면 엄마와 팬밖에 모르는 순수의 결정체였다. 수빈은 그들의 첫 방송을 보던 날을 떠올렸다. 그것은 수빈이 여태껏 살아오면서 느껴보지 못했던 특별한 감정이었다. 수빈은 그렇게 심장을 점점 옥죄어오듯 애절하게 떨리는 감정이 분명 사랑이라 믿어 의심치 않았다.

수빈은 아침에 일어날 때마다 듣는 휴대폰 알람을 보이보이의 컬러링으로 설정해뒀고, 눈을 뜨고 잠들 때까지 틈만 나면 그들의 음악을 반복해 들었다. 유튜브와 TV 출연 스케줄을 미리 체크해 챙겨보고, 보이보이의 팬카페에 매일 출석 체크를 하며 주변 친구들에게 그들의 음악을 홍보했다. 그리고 친구 중 몇몇은 세뇌에 가까운 수빈의 끈질긴 홍보 전략에 넘어가 수빈과 같은 보이보이의 팬이 되었다.

수빈은 여태껏 자신이 부여에서 태어나고 자라나 살고 있는 것에 대해 큰 불만이 없었다. 부여 토박이 어른들이 '우리는 백제의 후손'이라느니, '귀족 출신'이라느니 할 때는 자긍심마저 느껴지곤 했다. 그런데 보이보이의 팬이 되고부터 자신이 사는 동네가 문명의 손이 닿지 않은 촌구석처럼 느껴졌고, 그저 방송으로만 그들을 볼 수밖에 없는 자신이 무척 초라하게 느껴졌다. 수빈의 마음속에서 그때 처음으로 서울이라는 대도시를 향한 열망이 꿈틀꿈틀 움텄다. 서울에 사는 열성 팬들처럼 크고 작은 공연에 다 참석하고 심지어 그들의 숙소 앞에서 잠복하는 행동은 할 수 없었지만, 수빈은 아이돌 그룹 '보이보이'를 진심으로 좋아했다. 아니, 사랑했다.

학교에 도착해 교실에 옹기종기 모여 있던 수빈의 친구들은 수빈의 고민을 듣고 하나둘 이야기를 꺼냈다.

"나, 티켓팅 잘해! 할머니가 가셨던 나훈아 콘서트 티켓팅도 성공했었거든. 내가 도와줄까?"

"나는 한 번도 해본 적 없지만, 게임을 잘해서 손이 빠르니까 한번 해볼게."

"읍내 피씨방 가서 티켓팅할게."

수빈의 친구 중에 영아, 나경, 다희가 나섰다. 다희의 옆에서 이야기를 듣고 있던 오지랖 넓은 태철도 티켓팅에 동참했다.

이렇게 나를 도와줄 친구들이 많다니. 수빈은 친구들의 이야기를 들으며 또다시 왈칵 솟구치려는 눈물을 꾹 눌러 참고 말했다.

"내일 저녁 8시야."

수빈의 말을 듣고 있던 다희가 화들짝 놀라며 대답했다.

"내일 저녁? 우리 집 그때 제사인데."

"폰으로도 할 수 있어."

다희 옆에 서 있던 태철이 코끝으로 흐른 안경을 쓱, 밀어 올리며 말했다.

"그런데 컴퓨터로 하는 게 잘돼. 난 컴퓨터로 할 거야."

통통한 다희 옆에 꼭 붙어있던 영아가 반박했다. 그러자 다시 태철이 입을 열었다.

"아냐, 그건 그냥 운이야. 운 좋으면 되고, 운 없으면 어떻게 해도 안 돼."

그때까지 시무룩해 하던 나경이 해바라기처럼 활짝 웃으며 꿈꾸듯 말했다.

"우리 이러다 티켓팅 너무 잘해서 단체로 막 콘서트 가는 것 아냐?"

"그럼 좋겠다. 천안도 큰 도시인데."

나경은 수빈이 보이보이를 홍보할 때 마음이 흔들려 소위 '입덕'한 친구였다. 하지만 수빈만큼 열렬한 팬 활동을 하지는 못했던 것이, 나경 집이 부여에서 제법 큰 제과점을 했기 때문이었다. 나경은 학교, 학원을 번갈아 다녀오고 난 저녁이면 제과점 일을 돕느라 바빴다. 그렇지만 나경은 저녁 8시에 잠깐 짬을 내어 제과점 한구석에서 휴대폰으로 티켓팅을 하기로 했다.

※ ※ ※

결전의 날이 다가왔다.

그날 아침부터 수빈은 퀭한 얼굴로 교실에 등장했다. 티켓팅이 너무 긴장되어 밤새 잠을 이루지 못한 탓이었다.

"걱정하지 마. 나도 최선을 다해볼 테니까."

나경이 하룻밤 사이 바짝 말라버린 수빈의 어깨를 토닥이며 말했다. 영아가 수빈의 손을 꼭 잡으며 힘을 돋워주었다. 이제는 열여섯이나 되었으니 기차를 타고 장거리는 충분히 갈 수 있을 터였다. 콘서트 티켓도 알음알음 모아둔 용돈으로 살 수 있을 것이었다. 문제는 콘서트 티켓팅이었다. 전국 투어 콘서트를 하면 자기가 사는 지역에서 열리는 콘서트 한 번만 가는 것이 아니라 네 번이고 다섯 번이고 전국 투어 콘서트를 전부 다 챙겨보고 싶어서 전투적으로 전투(전국 투어 콘서트)를 보러 다니는 팬들이 있었다. 말 그대로 피가 튀는 전쟁 같은 치열한 티켓팅, 즉 '피켓팅'이었다.

"인터넷에서 보니까 매크로 프로그램 있던데 그것 한번 깔아서 써보지."

태철이 자기 책상 위에 공책을 만지작거리며 중얼거렸다. 매크로는 마우스나 키보드로 여러 번 순서대로 해야 하는 동작을 단 한 번의 클릭으로 자동 실행시키는 프로그램이었다.

태철의 건너편에 서 있던 다희가 나무랐다.

"야, 요새 그것 함부로 쓰면 큰일 나."

"합법으로 쓸 수 있는 매크로 프로그램도 있어."

영아가 말했다.

"다섯 명이 하면 한 장은 걸리겠지. 설마 다 실패하겠냐?"

태철이 입을 열자, 영아가 곧바로 손사래를 쳤다.

"한 장이면 안 돼! 난 수빈이랑 같이 보보 보러 갈 거란 말이야."

영아는 원숭이처럼 수빈의 팔에 꼭 붙어있었다. '보보'는 '보이보이'의 줄임말이었다. '보이보이'의 팬들은 모두 '뽀순이'라는 이름으로 서로를 불렀다.

그때, 저만치서 그들을 지켜보고 있던 상우가 다가오며 말을 걸어왔다.

"매크로, 나 그것 할 줄 알아."

"네가?"

그때까지 불안의 바다에서 허우적거리던 수빈이 눈이 휘둥그레지더니 자기도 모르게 상우의 손을 덥석, 잡았다. 상우가 수빈의 돌발적인 행동에 흠칫, 놀랐다.

"으, 응. 저번에 학원에서 배웠어."

"진짜야?"

**4. 보고 싶다**

"진짜지, 그럼."

"나 좀 살려줘. 이번 콘서트 꼭 가야 한단 말이야."

"나 근데 그 시간이 딱 학원 마칠 시간이라서….”

"상우야, 안 돼! 나 좀 살려줘!"

수빈은 자신을 버리려는 매정한 연인의 바짓가랑이를 붙들고 처절하게 매달리는 비련의 여인처럼 상우의 손을 꼭 잡고 애원했다.

"그런데 배우기만 하고 한 번도 해본 적은 없어서 좀….”

"아니야. 너 할 수 있어! 그치? 할 수 있지?"

수빈은 매크로 프로그램을 배우기만 했지 영 자신 없어 하는 상우의 눈을 똑바로 바라보며 할 수 있다고 최면을 걸 듯 중얼거렸다. 이윽고 상우도 마지못해 고개를 끄덕거렸다.

"학원 빨리 다녀와서 해볼게."

"고맙다! 성공하면 내가 진짜 크게 한턱낼게."

수빈은 그때야 잡았던 상우의 손을 놓았다. 수빈과 상우는 친구 이상은 아닌 사이였으니, 두 번 다시 손을 잡을 일도 없을 것이었다.

그날, 수빈은 수업에 좀처럼 집중을 할 수가 없었다.

선생님의 글씨로 가득 채워진 칠판에는 보이보이 멤버들의 얼굴만 둥둥 떠다니고 있었고, 수빈을 감싼 공기 속에는 그들의 멜로디만 흘렀다. 어젯밤, 보이보이 팬카페 한줄메모장에서는 티켓팅 응원 메시지들로 가득 넘쳤다.

뽀순이들, 티켓팅 잘하세요~~*^^*

보보 오빠들 보러 천안콘 1열 가자!

모두 피켓팅 성공하세요! 아 떨려ㅠㅠ 보보 보고 싶다!

보보 오빠들 사랑하는 만큼 티켓팅도 응원해요♡

보보 마지막 콘서트 파이팅~뽀순이들 파이팅^0^

모두들 천안에서 만납시다! 보보, 뽀순이들 사랑해♥

그날 저녁, 학교와 학원을 다녀온 수빈은 퀭해진 얼굴로 멍하니 반찬을 깨작거렸다. 엄마가 먼저 입을 열었다.

"진짜 어디 아픈 건 아니니?"

"괜찮아."

"티켓팅 한 번만 더 했다간 우리 딸 아주 잡겠네."

수빈은 붉게 익어버린 눈으로 엄마를 멍하니 쳐다봤다. 대꾸할 힘조차 없었다. 수빈은 밥을 먹고 나면 항상 냉장고 문을 다시 열어 콜라나 과일 따위를 갖고 거실 소파로 향했지만, 오늘만은 식사 후 제 방으로 곧장 향했다. 7시. 티켓팅 오픈 시간은 아직 한 시간이나 남았지만, 거실에서 한가하게 TV나 볼 여유가 없었다.

수빈은 침대에 누워 방을 둘러보았다. 벽에는 온통 보이

**4. 보고 싶다**

보이의 브로마이드가 그득 채워져 있었다. 수빈의 귓가에 그들이 일제히 수빈을 바라보며 속삭이는 목소리가 맴돌았다.

'수빈아, 천안에서 만나자. 오빠가 널 보려고 가는 거야. 보고 싶다.'

수빈은 한 차례 호흡을 가다듬은 뒤, 몸을 일으켜 책상 위 컴퓨터를 켜고 인터넷을 클릭한 뒤 인터파크에 접속했다. 이 시간, 전국의 뽀순이들은 이미 컴퓨터와 휴대폰을 마주하고 화면을 들여다보며 가슴을 졸이고 있을 것이었다. 평소 보이지 않는 시기와 질투 속에서도 '팬덤'이라는 연대의 힘으로 서로에게 크나큰 힘을 주고받는 이들이었다.

수빈은 상우에게 카톡을 보냈다.


**컴에 매크로 깔았어?**

- 어제 깔았어. 학원 수업 이제 끝났어.

**헐! 집까지 가는 데 얼마나 걸려?**

- 20~30분.

**빨리 가! 지금 다들 대기 타고 있단 말이야. ㅠㅠ**

- 알았어. 나만 믿어! ^^

**매크로 할 줄 아는 친구는 너밖에 없다고. ㅠㅠ**

- 그래, 나밖에 없지~. 빨리 갈게!

수빈은 깐족거리는 상우가 너무 얄미워서 "더러워서 못해먹겠네! 그만둬!"라고 외쳐버리고 상우에게 했던 부탁을 그만 취소하고 싶었지만 티켓팅을 생각하면 도저히 감정이 시키는 대로 할 수가 없었다. 상우는 친구 중에서 유일하게 매크로 프로그램을 다룰 줄 아는, 티켓팅을 도와주는 친구 중 가장 믿을 만한 친구였으니까. 하지만 티켓팅 성공 여부는 순전히 기술이 아니라 운이었다. 수빈은 기필코 그 행운을 잡고 싶었다.

상우를 제외한 친구들은 모두 컴퓨터와 휴대폰 앞에서 대기하고 있었다. 오늘 제사를 치르느라 친지들과 모여 있는 다희와 제과점에 있는 나경은 휴대폰으로, 수빈과 영아와 태철과 상우는 컴퓨터로 티켓팅을 할 예정이었다. 7시 45분. 수빈의 휴대폰이 울렸다. 영아였다.

"수빈아, 대기 탔어?"

"응…. 떨려 죽겠다, 지금."

"잘해. 나도 최선을 다해볼게. 우리, 콘서트 같이 가자."

"파이팅!"

영아와의 전화를 끊고 나니, 수빈의 방 안에는 외로운 적막만이 맴돌았다.

수빈은 저만치서 자신을 기다리고 있는 사랑하는 이를 향해 용감하게 돌진하는 여전사가 된 기분이었다. 지금까지 인생을 살아오면서 이렇게까지 열정을 쏟으며 누군가를 열렬히 응원하고 뜨겁게 사랑했던 적이 있었을까. 어른들은 연예인 덕질하는 게 무슨 사랑이냐며, 유치한 짓 좀 그만하라고 다그쳤지만, 수빈은 팬심을 품고 달리는 덕질을 멈출 수 없었다. 열네 살, TV에서 우연히 보자마자 첫눈에 반해버린 보이보이. 수빈은 매일 그들의 음악을 듣고, 브로마이드와 포토카드와 화면 속 그들을 보고, 유준과 로맨틱한 사랑에 빠지는 상상을 하고, 그들이 나오는 꿈을 꾸며 잠들었다. 누가 뭐라 하든, 수빈에게 있어서 보이보이는 사랑이었다. 사랑을 멈출 순 없었다.

7시 50분이 되었다.

티켓팅 오픈 시각에 맞춰 대기타임으로 10분 카운트다운을 세기 시작했다. 긴장감에 목구멍이 바싹바싹 타올라 물을 마시려고 물병을 잡는 수빈의 손이 달달 떨렸다. 잠시 후, 59분이 되었고 시계는 분 단위에서 초 단위로 빠르게 달려갔다. 초에 맞춰 수빈의 작은 심장도 빠른 속도로 콩닥콩닥 달렸다. 수빈은 시계 중에서 가장 정확하다는 네이버 시계 창을 띄워두고 심호흡을 하며 두근두근 달음박질치는 심장을 애써 다독거렸다.

딸깍!

티켓팅은 단 몇 초 만에 운명이 결정되었다. 수빈의 경우는 모호했다.

현재 접속인원이 많아
예매가 지연되고 있습니다.
잠시만 기다려 주세요.

-----------------------

대기 중 새로고침을 하시면
대기시간이 길어질 수 있으니 주의해주시기 바랍니다.

예매가 늦어지는 것은 티켓팅을 하는 회원들이 한꺼번에 너무 많이 몰릴 경우 종종 발생하는 현상이었다. 예전에도 자주 이런 적이 있었고, 대기시간을 30분이나 지체한 뒤 겨우 티켓팅에 성공한 적도 있었다. 하지만 그것은 방송국 공개방송 티켓팅이었고 좌석 수도 비교적 넉넉했기에 가능한 일이었다. 그러나 그 공개방송은 보이보이 뿐만이 아닌 다른 가수들도 함께하는 방송이라 수빈이 그들을 만날 수 있는 시간은 잠시뿐이었다. 반면, 이번 콘서트는 그들과 두 시간이나 한 공간에 함께 있을 수 있는 절호의 기회였다.

수빈은 친구들에게 톡을 보내 물었다.

**성공했어?**

- 계속 이선좌만 떠ㅠㅠ

- 아예 들어갈 수가 없어ㅠㅠ

- 갑자기 단체손님 왔어ㅠㅠ 미안해ㅠㅠ


영아와 태철과 다희는 티켓팅하면서 멘탈이 박살 난 모양인지 카톡창에서 연신 'ㅠㅠ'만 쳐댔다. 'ㅠㅠ' 두드릴 시간에 무슨 수를 써보라고! 수빈은 정신없이 마우스를 두드리면서 볼에서 축축한 뭔가가 닿는 것이 느껴졌다. 눈물이었다. 수빈은 울고 있었다.

세상에서 마음먹은 대로 하고 싶은 것을 온전히 누리며 살 수 있다면 얼마나 좋을까. 수빈은 지금까지의 인생에서 자신이 진정으로 원하는 것을 쟁취한 적이 과연 몇 번이나 있었던가 생각했다. 여섯 살 때 받았던 핑크 자전거, 여덟 살 때 바닥을 데굴데굴 구르며 얻어낸 인형의 집, 열두 살 때 조르고 졸라 산 빨간 운동화…. 그 외에도 수빈은 인생에서 원하는 것을 대부분 얻을 수 있었지만 아닌 적도 그에 못지않게 많았다. 싫어하는 친구와 짝이 된 날, 급식 반찬으로 나온 허연 무생채 반찬, 미운 친척이 하는 핀잔 섞인 잔소리…. 수빈은 티켓팅하는 친구 중에서 매크로 프로그램을 다룰 줄 아는 상우가 가장 믿음이 갔다. 깐족거리는 상우의 행동은 너무나 질색이었지만 싫은 내색을 당장 비치면 안 되었다. 상우가 싫은 건 그 친구에게서 수빈이 원하는 것을 무사히 얻어내고 나서야 생각할 문제였다.

수빈은 상우에게 전화를 걸었다.

"어떻게 됐어?"

"어, 그게… 잠깐만."

"뭐? 너, 혹시 아니지? 그런 것 아니지?"

"매크로 이렇게 까는 게 맞았던 건 같은데, 왜 안 되지…. 잠깐만."

"야! 너, 매크로 할 줄 안다고 했잖아!"

결국, 수빈은 더 이상 참지 못하고 상우에게 소리를 질렀다. 순간, 방 전체가 빙그르르 돌아가는 것처럼 머리가 어지러웠다. 믿는 도끼에 발등이 찍힌다는 게 이런 기분일까. 수빈은 참았던 눈물을 쏟아냈다. 네 목소리를 조금만 더 들었다가는 내가 너를 씹어 먹어버릴지도 몰라. 수빈은 일방적으로 전화를 끊었다. 조금만 더 있다가는 상우에게 온갖 험한 소리를 쏟아낼 것 같아서였다.

그때, 다시 전화가 울렸다. 다희였다.

"수빈아, 나 성공했어!"

"뭐? 어떻게 됐다고?"

"됐다고! B구역 5열 16번!"

수빈은 다희와 함께 소리를 질렀다. 어떻게 그 자리에 앉았어? 수빈은 마치 다희가 벌써 그 자리에 앉아 무대를 보고 있는 것처럼 물었다.

"거기에 어떻게 앉았어? 너 오늘 집에 제사라면서?"

수빈은 의아했다. 제사라면 조용한 분위기에서 경건한 마음으로 치르는 것이 아니던가. 그런데 휴대폰 너머로 들리는 다희의 환호 소리는 대체 무엇인가. 수빈의 휴대폰 건너편에서 다희의 키득거리는 웃음소리가 들려왔다.

"중요한 스터디가 있다고, 제사음식 준비만 도와주고 곧장 밖으로 나왔지."

"어디 갔었는데?"

"울 집 앞에 세븐일레븐."

보통 편의점은 와이파이가 잘 연결되니까 그곳의 와이파이 비밀번호만 알면 무료로 인터넷을 쓸 수 있으니 다희는 그곳으로 달려갔던 것이다.

"계속 '좌석 다시 선택' 누르니까 그 자리가 딱 떴어."

"진짜? 좋겠다, 완전 부럽다."

"너도 한번 해봐."

"벌써 '이선좌' 가득하다. 이미 선택된 좌석입니다…."

수빈은 지끈지끈 아파져 오는 이마를 꾹꾹 눌렀다. 공연 티켓을 자주 구매하는 수빈은 '이미 선택된 좌석'에 대한 압

박감이 무척 심했다. 이미 선택된 좌석인 것을 알면서도 수빈은 그 자리에 대해 미련이 남아 눌리지도 않는 애먼 좌석을 딸깍, 딸깍 공허한 심정으로 계속 클릭했다.

"12시 넘으면 취켓팅하잖아. 그때 한번 해봐. 너도 알다시피 취켓팅 표 중에서 좋은 자리 나올 수도 있어. 나도 한 번 더 해볼게."

수빈의 휴대폰 너머 차 경적이 스치는 소리가 여러 번 들렸다. 친척들이 제사를 치르는 집을 피해 검은 밤, 와이파이가 켜진 편의점 한구석에서 다희는 혼자서 '티켓팅 스터디'를 했던 것이다. 수빈은 허탈하게 웃었다.

다희 말마따나 12시부터는 콘서트 예매 취소표, 일명 '취켓'들이 다시 풀렸다. 취소 티켓이라고 해봐야 맨 가장자리나 뒤쪽 자리였다. 말 그대로 마음에 들지 않아 취소한 자리였다. 그래도 기대를 해볼 만한 게, 더 좋은 자리로 이동하기 위해 괜찮은 자리를 취소하거나 개인적인 사정으로 공연을 못 볼 경우 취소해서 나오는 표도 있기 때문이었다.

11시에는 잠이 올 것 같은데…. 수빈은 걱정이었다. 10시에 하는 드라마도 보다가 꾸벅꾸벅 조는 바람에 결말을 놓치기 일쑤였던 수빈은 잠이 일찍 찾아오는 체질이었다. 그것은 아빠의 잠버릇을 고스란히 물려받은 탓이었다.

수빈은 잠시 문을 열고 나가 화장실에서 볼일을 본 뒤 부억으로 가서 물과 과자 한 봉지를 꺼내 방으로 들고 갔다.

밤새 잠복근무하는 형사처럼 눈을 부릅뜨고 혹시라도 자리가 나오길 노심초사하며 연신 클릭을 하고 과자를 씹던 수빈은 눈꺼풀이 점차 무거워지는 것을 느꼈다. 딱 한 시간만 아니, 30분만 잘까. 수빈은 시계를 보았다. 10시 49분이었다.

미처 판단을 내리기도 전, 수빈은 침대로 그대로 쓰러졌다. 그나마 다행히도 휴대폰 알람은 맞춘 상태로.


언제나 내가 너의 휴식이 되어줄게
힘들면 언제든지 내게 기대어 쉬어


시간이 얼마나 흘렀을까.

'보이보이'의 노래로 설정한 휴대폰 벨소리가 다급하게 울렸다. 수빈은 화들짝 놀라 잠을 깼다. 휴대폰을 드니 알람을 맞춰둔 30분은 이미 지나고 11시 20분은커녕 12시에 다다른 11시 55분이었다! 전화를 건 사람은, 영아였다.

"야! 너 뭐하는데 전화도 안 받아! 내가 얼마나 전화했는지 알아!"

"깜박 졸았어."

"미쳤어, 빨리 가! 취켓티이이잉!"

영아는 수빈에게 사자후를 질렀다. 덕분에 수빈은 순식간에 정신이 번쩍, 맑아지는 것을 느꼈다. 수빈은 오른쪽 뺨에 묻은 축축한 것을 닦아냈다. 침이었다. 침까지 흘리면서 꿀잠을 잤던 것이었다.

티켓팅 창은 열어둔 그대로였고 취켓팅 대기자는 1,027명이었다. 수빈은 풋, 하고 웃음이 새어 나왔다. 너희들도 참 못 말린다. 여태 안 자고 뭐 하냐? 그러다 문득, 그들과 다르지 않은 자신이 느껴졌다. 못 말리는 1,027명 그리고 그중에 섞여 있는 수빈.

12시가 되고, 취켓팅이 시작되었다.

듬성듬성 빨간 표시가 된 자리들이 나타났다. 대부분 뒤쪽 혹은 가장자리 좌석이었다. 수빈은 빠르게 마우스 커서를 움직여 누구에게 뺏길 새라 냉큼 그 좌석 중 하나를 클릭했다. 그것은 마치 버스에 올라탔을 때 빈자리에 발걸음이 닿기도 전에 그 자리를 향해 손에 든 가방부터 냅다 던지는 할머니의 민첩한 몸짓 같았다.

수빈은 '좌석선택완료' 버튼과 '예매하기'와 '무통장입금' 버튼을 재빠르게 눌렀다. 자신이 몇 번 좌석을 샀는지도 알 수 없었다. 수빈은 다시 한 번 결제 화면을 확인했다.

'B구역 3열 5'

수빈은 함성이 터져 나오는 입을 두 손으로 급히 틀어막았다. 3열이라면 무대에서 불과 세 칸밖에 안 떨어진, 다희의 자리보다 무대가 조금 더 잘 보이는 자리였다. 수빈은 이 귀한 자리를 선뜻 내어준 이름 모를 누군가에게 절이라도 하고 싶을 만큼 고마움을 느꼈다. 그때, 카톡이 날아왔다. 상우였다.

- 미안해ㅠㅠ 울 집 컴퓨터가 똥통이야ㅠㅠ 학원에선 분명 잘 됐는데ㅠㅠ

**괜찮아~ 나 취켓 성공했어! 잠도 못 자고 도와줘서 고맙다^^**

- 다행이야! 낼 보자~

수빈은 다희와 나경과 영아에게도 전화로 소식을 알렸다. 다희는 취소표를 한 장도 못 구했지만, 영아는 C구역 8열 1번 좌석과 C구역 9열 2번 좌석을 예매해 제과점 한구석에서 휴대폰으로 티켓팅을 하다 결국 실패한 나경도 콘서트에 갈 수 있게 되었다. 네 명은 단톡방에서 이번 콘서트를 함께 하게 된 것을 서로 축하하고 기뻐했다. 다 같이 나란히 앉을 순 없어도 한 공간에서 눈부신 시간을 함께 나눌 수 있다는 것만으로도 충분히 가슴 뛰는 일이었다.

수빈은 오늘의 성취를 통해 인생에서 간절히 원하는 것을 기어코 얻어냈을 때의 감정이 얼마나 중요한 것인지 어렴풋이 깨달았다. 수빈은 방의 불을 다 끄고 침대에 누워 벽 한가득 붙어있는 보이보이의 브로마이드를 바라봤다.

언제나 내가 너의 휴식이 되어줄게

힘들면 언제든지 내게 기대어 쉬어

보고 싶다

널 보고 싶다


수빈의 귓가에 유준의 다정한 목소리가 들려왔다. 수빈은 흐뭇하게 미소를 지으며 눈을 감았다. 수빈의 감은 눈꺼풀 사이로 이슬이 맺혔다. 감격의 눈물이었다.

수빈은 꿈속에서 응원봉과 선물 따위를 챙겨 들고 보이보이 콘서트가 열릴 청주로 향하는 기차를 타고 있었다.

행복한 꿈이었다.

**4. 보고 싶다**

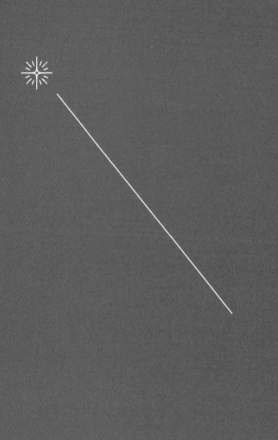

# 5

# 문 앞에 두고 가세요

3층에 있는 집 현관문을 나서서 1층까지 계단으로 내려왔을 때, 105호 문 앞에 크게 써 붙인 하얀 종이가 눈에 띄었다.

　'택배나 신문, 요구르트는 문 앞에 두고 가세요.'

　길에서 종종 마주치곤 했던, 다정한 노부부가 사는 집이었다. 하얀 종이 위의 글씨는 두 사람 중 한 분이 손으로 휘갈겨 쓴 글씨일 터였다. 두 사람을 다시 볼 수 있을까. 나는 쓰고 있던 형광 연두색 고글과 형광 핑크 마스크 매무새를 다듬고는 다시 길을 나섰다.


　검은 유령 바이러스가 창궐한 지 두 달째였다.

　출근길의 사람들은 모두 너나 할 것 없이 화려한 형광 색깔 패션을 하고 직장으로 향하고 있었다. 이제는 익숙해진 풍경이었다.

　'정갈한 맛' 반찬 배달 업체 사무실의 차디찬 문을 열고 제일 먼저 출근한 내가 불을 켜고 창문을 열어 잠시 환기를 시키는데 등 뒤에서 닫힌 사무실 현관문이 열리는 소리가 들렸다. 그러나 한참이 지나도 현관 덧문 너머에서 부스럭거리는 소리만 계속 이어질 뿐, 그 모습은 도통 보일 기미가 없었다. 사무실 안에 혼자 있던 나는 불안해져 소리가 들리는 그곳으로 조심스레 발걸음을 옮겼다.

김인국 사장이었다.

형광 연두색 고글과 같은 색의 마스크와 망토를 두른 김 사장이 사무실 현관에서 어기적어기적, 들어올 채비를 하고 있었다. 큰 덩치의 성인 배우가 풍뎅이 분장을 한 채 뒤뚱거리며 어린이 연극을 하는 것만 같았다. 형광 연두색이 워낙 빛깔이 강해 나는 부신 눈을 연신 깜박거리며 입을 열었다.

"사장님?"

현관 덧문을 열고 고개를 살짝 내민 나와 눈이 마주친 김 사장은, 온통 형광 연두색인 고글과 마스크와 망토를 벗어 파란 휴지통 뚜껑 위에 올려두고 노란 장화를 벗으려 안간힘을 다해 잡아당기고 있었다. 하지만 김 사장의 습기 찬 두툼한 발에 꽉 낀 장화는 도무지 두 손으로 잡아당겨도 벗겨지지 않았고, 그는 손을 포기하고 발끝을 필사적으로 탈탈 털어내고 있었다.

"영서 씨, 잘 왔네. 이것 좀 도와주게."

김 사장은 내게 왼발을 턱, 내밀었다. 나는 순간, 망설였다. 아무리 그래도 그렇지, 이건 너무 갑질 아닌가. 나도 맨손으로 저 더러운 장화를 만지긴 싫은데…. 그때, 내 눈과 마주친 김 사장의 눈에는 웬일인지 눈물이 몽글몽글 맺혀있었다. 그것은 분명, 갑질이 아니라 애원이었다. 나는 나 또한 겪었던 오늘의 힘난했던 출근길을 떠올리며 김 사장의 장화 양쪽 부분을 힘주어 꽉, 잡았다.

"당길게요!"

"힘껏 당겨야 돼!"

"네, 사장님! 하나, 둘, 셋!"

숫자를 세는 구호와 동시에 나는 김 사장의 노란 장화를 끌어안고 사무실 안 바닥으로 나뒹굴었다. 김 사장은 한쪽 장화만 벗겨진 채로 현관문 밖으로 그대로 튕겨 나가 버렸다.

"사장님! 아니, 영서 씨!"

현성이었다. 출근해 방금 막 사무실 문을 열려는 찰나, 김 사장의 육중한 몸이 현관문을 벌컥 밀고 그대로 밖으로 튕겨 날아간 것이었다.

사무실 바닥에 부딪힌 뒤통수가 얼얼했다. 만져보니 다행히 피는 안 나는 것 같았다. 나는 바닥을 구르면서 말아 올라간 치맛자락을 얼른 내렸다.

현성은 김 사장의 몸에 깔려 김 사장을 일으켜주지도, 나를 부축해주지도 못한 채 우왕좌왕했다. 현성의 혼란스러움을 나도 어느 정도 이해할 수 있었다.

※ ※ ※

검은 유령 바이러스가 뉴스에 처음 등장했을 때는 사람들이 코웃음을 쳤다.

"북아메리카, 유럽에서 전파된 것으로 추정되는 '검은 유령 바이러스'는 사람들 간의 접촉이나 왕래로 인해 쉽게 전염되는 것으로 알려져 있습니다. 사람뿐만 아니라 물건이나 장소, 자동차 등 각종 이용시설에서도 전파되는 것이기 때문에 청결에 각별한 주의가 필요합니다. 감염 증상으로는 발열, 기침, 하품, 딸꾹질, 웃음, 상황에 맞지 않는 말과 행동 등을 보인다고 합니다."

TV 속 아나운서의 말에 의하면, 검은 유령 바이러스는 진짜 유령과도 같아서 사람에 깃드는 것은 물론이거니와 개나 고양이 같은 동물, 화초 심지어 신발이나 가방 혹은 달빛 한 줄기에도 깃든다고 했다.

"중세시대 마녀사냥도 아니고, 이러다 죄 없는 애먼 사람들만 피해 보는 건 아닌지 모르겠네."

주요 식단 담당인 윤숙 이모가 말씀하셨다. 윤숙 이모의

**5. 문 앞에 두고 가세요**

남편이자 식재료 구매 담당인 서 과장이 한마디 덧붙였다.

"마녀사냥이랑은 상황이 좀 다르잖아. 어쨌든 우리 애들 키울 때만 해도 이런 게 없었는데, 환경오염이 문제야."

간식 담당인 승희 언니가 종이컵에 든 커피를 호로록, 마시며 말했다.

"과장님, 대리님, 그렇게 말싸움만 하지 마시고 대책을 좀 세워보세요."

승희 언니가 카랑카랑한 목소리로 다그치자, 사무실에는 잠시 침묵이 흘렀다. 그 침묵을 비집고 TV 소리가 울렸다.

"학교, 식당, 극장 등 공공기관에서는 방역을 철저히 해주실 것을 부탁하며 국민들도 불필요한 외출을 자제하고 마스크와 손 소독을 철저히 하고 사람들과의 필요 이상의 접촉을 자제해주시길 부탁드립니다."

TV 속 반듯하게 잘생긴 남자 아나운서가 또박또박 말했다. 나는 아이돌로 데뷔했어도 전혀 어색하지 않았을 것 같은 TV 속 남자 아나운서의 눈, 코, 입술의 움직임을 멍하니 쳐다보았다.

그때, 소름 끼치게 높은 톤으로 키득거리는 웃음소리와 함께 화분 이파리가 일제히 부들부들 팔랑거렸다. 나는 내 눈과 귀를 의심했다. 그것은 사무실 창가에 일렬로 놓아둔 화초를 심은 화분들에서 나는 웃음소리였다. 김 사장이 아끼는 화분들이었다.

사무실에서 가장 먼저 검은 유령 바이러스에 감염된 것은 다름 아닌, 화분이었다.


며칠 후 아침, 출근길에 나는 김 사장의 전화를 받았다.

"영서 씨, 출근길인가? 끅!"

"네, 사장님. 무슨 일이세요?"

"보름 정도 직원들끼리 업무를 봐야 할 것 같아, 끅!"

"사장님, 어디 편찮으세요?"

"내가 어제 퇴근하고 아파트 주차장에 차를 세우고 집에 들어가려는데, 검은 유령을 만났어, 끅! 끅!"

휴대폰 너머로 잡음 섞인 노랫소리가 들렸다. 그 사이로 똑똑, 무언가를 두드리는 소리도 들렸다. 불경이었다. 사장은 연신 딸꾹질을 해댔다.

"나는 지금 우리 집 서재 안에서… 2주를 버텨야 한다네, 끅! 다른 직원들 몇몇한테도 전화했으니까 혹시라도 내 안부를 누가 묻거든 말 좀 전해주게나, 끅! 영서 씨도 몸조심하고, 끅!"

"사장님, 정말 괜찮으신 거죠?"

"난 괜찮아, 끅! 영서 씨도 명심해. 검은 유령은 언제 어디서나 사람을 집어삼킬지도 모르니, 끅! 절대 방심해선 안 돼,

**5. 문 앞에 두고 가세요**

끅! 보름 동안 직원들과 회사를 잘 운영해주게. 영서 씨 평소 대로 야무지게 일하면 돼, 끅! 내가 나중에 보너스는 꼭 챙겨 줄 테니까, 끅!"

"네, 사장님…. 건강히 돌아오세요."

나는 불편한 딸꾹질 소리가 멈추질 않는 전화를 끊고 묵직한 한숨을 푹, 내쉬었다. 내 손에는 편의점에서 산 달걀 샌드위치와 아메리칸 커피가 아무 일도 없는 것처럼 태연하게 들려 있었다. 어제는 공장에서 일하는 직원이 세 명이나 감염되어 격리되었다고 했다.

문득, 고개를 들어 주위를 둘러봤다. 평소 출근길의 그 많던 사람들과 자동차들은 눈에 띄게 줄어들어 있었다.

※ ※ ※

그로부터 며칠 후, 늦은 밤이었다.

벚꽃이 지고 있었다.

늘어선 가로수들의 벚꽃이 눈부시게 흩날리는 아름다웠던 길은 사람은커녕 그림자 한 자락조차 보이지 않아 을씨년스러웠다. 사람이 바라봐주지 않는 꽃들은 초라하기만 했다.

전국의 축제와 공연, 전시회 등 각종 문화행사가 줄줄이 취소되었다. 사람들은 집으로 숨어들었고 밖을 나오더라도 거리를 두고 걸었으며 누구와도 함부로 대화하지 않았다.

검은 유령 바이러스는 단순한 세균이 아니라 말 그대로 '악령'에 의한 것이라는 소문이 돌았다. 실제로 그 바이러스에 감염된 사람들은 정신을 놓은 것 같은 행동을 보인다고 했다. 까닭 없이 웃고 울거나, 연신 딸꾹질을 하기도 하고 해석할 수 없는 마녀의 주문 같은 말을 쏟아내기도 하며 옷을 훌러덩 벗고 거리를 활보한다고도 했다. 진짜 악령이 씐 것처럼.

공포에 질린 사람들이 외출을 못 하면서 식당에 직접 방문하기보다는 전화나 인터넷으로 주문해 집으로 배달음식을 받는 일이 많아졌다. 그들은 주문하면서 한 마디 덧붙였다. '문 앞에 두고 가세요' 그날도 밀려드는 주문량에 나는 밤늦게까지 사무실에 혼자 남아 일하고 집으로 가던 중이었다.

검은 유령 바이러스는 어둠에 더 격한 반응을 보이며 특히 밤에는 유난히 더 끈질기게 따라와 사람의 영혼을 집어삼킨다고 했다. 검은 유령을 막는 방법에는 다양한 것이 있었다.

**검은 유령 바이러스 예방수칙**

1. 사람들이 많은 곳은 피하기
2. 빛을 싫어하는 바이러스므로 어두운 곳은 가지 않기
3. 고글과 하얀 마스크, 형광의 옷 착용
4. 형광의 옷이 아닐 경우, 형광 망토를 착용
5. 가급적 외출 자제
6. 청결과 위생
7. 사람들과 접촉을 자제하고, 접촉 시 국가지정병원 방문
8. 각자의 종교에 맞게 종교용품을 갖고 다니기

거리에는 사람이 많이 보이지 않았다. 듬성듬성 눈에 띄는 사람들은 모두 형광 옷을 입고 고글과 마스크를 쓴 채 어느 곳에도 시선을 두지 않은 채 멍하니 어딘가로 걷고 있었다.

무서워진 나는 점점 발걸음이 빨라졌다. 정류장에 도착하자마자 곧바로 2020-1번 버스가 도착했으면 좋겠다고 생각하면서. 오늘은 안나와 저녁을 먹기로 한 날이었다. 며칠 전에 안나가 이야기했던 그 메뉴, 닭발. 우리 회사 근처에 안나의 직장이 있었다. 우리는 정류장에서 만나 함께 버스를 타고 찜해둔 식당으로 가자고 약속을 잡았다.

얼마나 걸었을까.

저만치서 안나의 모습이 보였다.

안나는 나의 오랜 친구였다. 어릴 적부터 예쁘고 똑똑했던 안나는 방송국 리포터로 일하고 있었다. 워낙 자기관리에 철저한 안나는 방송 스케줄이 잡히면 이틀 전부터 술은 물론이거니와 소화가 잘 안 되는 육류도 먹지 않고 남자친구와 데이트도 하지 않았다.

"그렇게 빡빡하게 맞춰 살면 재밌어?"

언젠가 나는 안나에게 물었다.

"꼭 재미만을 위해서 사는 건 아니야. 사는 건 그저 살아 있는 거로 의미가 있는 거야. 꼭 특별한 목적이 있는 게 아니라."

내가 길에서 마주친 그녀는 안나가 맞았지만, 평소처럼 차분한 긴 생머리에 야무진 인상의 안나가 아니었다. 저만치서 걸어오고 있는 안나는, 아랫도리를 입지 않고 초점 없는 눈빛으로 하늘을 보며 깔깔 웃어대고 있었다. 그 순간 내가 느낀 혼란과 공포를 어찌 말로 설명할 수가 있을까.

내가 안나를 도와준답시고 섣불리 안나에게 다가갔다간 나마저 바이러스에 감염되고 말 것이었다. 그렇다고 해서 아랫도리를 훤히 드러낸 채로 다니는 친구를 그저 두고 볼 수만은 없었다.

나는 휴대폰 손전등을 켜고 가방 안에 구겨 넣었던 연분홍색 카디건을 꺼내 안나에게 조심스레 다가갔다. 안나의 등에 시커먼 연기 같은 뭔가가 흐릿한 모양새로 진득하게 들러붙어 있었다. 안나는 진짜 미친 사람처럼 내가 자신의 허리춤에 카디건을 둘러주는데도 깔깔거리며 웃고 있었다.

나는 휴대폰 손전등을 켠 상태로 119에 전화했다.

"여기 검은 유령 감염자가 있어요. 가족이 아니고 친구예요. 빨리 좀 와주세요."

휴대폰 너머 대원의 설명이 이어졌다.

"우선 감염자와 2m 이상 당장 떨어지세요. 신고 접수했습니다. 금방 출동하겠습니다."

안나에게서 멀리 떨어진 계단에 힘없이 주저앉은 나는, 깔깔 웃어대며 몸을 부르르 떠는 안나를 절망적인 심정으로 그저 바라보고만 있었다. 몸을 부르르 떨던 안나의 흰 블라우스 아래 둘린 내 연분홍색 카디건이 진분홍색으로 축축하게 젖는 것이 보였고, 이내 길바닥으로 노란 액체가 주르륵 흘러내렸다. 충격적이었다. 결국, 나는 손으로 입을 틀어막고 울음을 터뜨렸다.

잠시 후, 다급한 사이렌 소리가 점점 크게 들렸다. 119 구급차가 달려오고 있었다. 구급차에서 흰 방역복을 입은 구급대원 두 명이 내리고 안나를 부축해 차에 태우며 내게 물었다.

"신고자분이세요?"

"네."

"감염자와 접촉하셨죠? 그럼 저희와 같이 가셔야 해요."

"네? 제가 왜요?"

"감염자와 같이 계셨으니까요. 얼른 타세요."

나는 엉겁결에 구급차에 그들과 함께 탔다. 형광 연두색 음압 이송카트 안에 누워있는 안나가 연신 키득거렸고, 구급차 창밖 풍경은 죽은 듯 고요했다.


그렇게 도착한 병원의 선별진료소에서 간단한, 아니 그리 간단하지 않은 검사를 했다.

"환자분 이름은 무엇입니까?"

"차영서예요."

"몇 살이세요?"

"서른 살이에요."

"무슨 일을 하세요?"

"반찬업체 사원이에요."

"거주지는요?"

"강서구 화곡동이요."

"가족관계가 어떻게 되죠?"

"엄마, 아빠, 나, 남동생이요."

**5. 문 앞에 두고 가세요**

"종교는요?"

"무교예요."

"오늘이 몇 월 며칠이죠?"

"오늘…?"

나는 술술 대답하다가 멈칫, 했다. '오늘이 며칠이었더라?' 나는 망설인 끝에 머뭇머뭇 대답했다.

"3월 27일이요."

검사하던 심리상담사가 활짝 웃었다. 그때까지도 웃음기를 싹 뺀 진지한 시간이었는데, 그때야 나도 스르륵 긴장이 풀렸다. 그 선생님은 나른한 미소를 머금은 채로 내게 형광노랑 장갑을 낀 한 손을 내밀었다. 나는 선생님의 한 손을 두 손으로 잡았고, 그녀와 악수를 했다.

"수고하셨어요. 발열체크만 하고 집에 가셔도 돼요."

고글 너머 심리상담사의 눈이 피로에 찌들어 붉게 익어 있었다. 심리상담사가 실시하는 검사는 접촉자가 미쳤는지, 아닌지를 확인하는 검사였다. 그녀는 하루에도 얼마나 많은 사람의 이름과 나이와 직업과 주소와 가족과 종교와 오늘 날짜를 지겹도록 물어볼까.

나는 자리에서 일어나 졸린 눈을 비비며 그녀에게 인사를 한 뒤 진료소 부스를 나섰다. 방금 일어난 바로 옆 부스에서 누군가의 대화가 들렸다.

"무슨 일을 하세요?"

"우주를 청소합니다."

"살고 계신 곳은요?"

"냄비우동."

나는 입술을 깨물어 웃음을 참으면서도 눈가엔 눈물이 고였다. 그 사람들은 슬픈 코미디언 같은 존재였다.

복도 벽에 걸려있는 전자시계가 10시를 가리키고 있었다. 안나는 어떻게 되었을까. 그때 가방에 뭔가 달그락거리는 게 있어 속을 뒤져보니, 안나가 항상 끼고 다니던 묵주팔찌가 있었다. 자수정으로 만든 보라색 묵주팔찌였다.


우리가 특별하지 않았던 날들.

여느 때처럼 별일도 없는데 저녁에 만나 식당에서 같이 밥 먹자고 했던 날이었다. 그날의 저녁 메뉴는 갈치조림이었다. 안나가 사귄 지 얼마 안 된 남자친구와는 도저히 못 먹겠다고 했던 메뉴였다.

"갈치조림 너무 좋아하는데, 오빠랑은 못 먹잖아."

"오빠랑 갈치조림을 왜 못 먹어?"

"안 예쁘니까."

"내숭 떨지 마, 계집애야. 너 그것, 한순간이다. 나중에 봐봐. 갈치조림이 뭐야, 남자친구 앞에서 양손으로 닭발 잡고

뜯을걸?"

"그럴지도. 그런데 아직은 아니야."

"얼마나 됐어?"

"한 달 됐어."

"좋을 때다."

"야, 차영서."

"응."

"네가 닭발 이야기하니까, 닭발 먹고 싶다."

"다음에 먹으러 가자. 너, 매운 것 좋아하잖아. 갈치조림, 닭발, 떡볶이 이런 것."

나는 안나와 다음에는 매운 닭발을 먹자며 약속을 했다. 안나는 갈치 한 조각을 들고 손가락과 젓가락을 동원해 살을 발라 먹다 손목에 끼고 있던 팔찌가 거치적거린 모양이었는지 그것을 빼서 식탁 한쪽에 놓아두었다. 우리는 갈치조림과 함께 공깃밥 두 그릇씩을 쓱싹 비운 후, 자리에서 일어났다. 다시 한 번 자리를 확인했을 때 식탁 위에 안나의 묵주팔찌가 놓여 있었다. 나는 안나 대신 그 묵주팔찌를 챙겨 식당을 나왔다.

그때 준다는 걸 나도 깜박하고 있었다. 가방 안에 들어있던 안나의 묵주팔찌는 아무 일도 없다는 듯 태연하게 빛나고 있었다.

'다음에 매운 닭발 먹을 때 줄게.'

그날, 집으로 돌아가는 길에 내가 보낸 문자메시지에 안나는 알겠다고 했다. 항상 손목에 끼고 다녔던 팔찌였는데. 아니면 나한테 빨리 갖다 달라거나 자기가 가지러 왔을 텐데, 그 정도로 소중한 의미는 아닌가 보네. 나는 그렇게 생각해버렸다.

지금으로부터 나흘 전의 저녁이었다.


나는 가방에서 꺼낸 안나의 자수정 묵주팔찌를 손목에 둘렀다. 가톨릭 신자는 아니지만 신의 이름으로 매달려보는 절박한 심정으로. 병원 문을 나서기 전 로비 입구에 서 있는 직원에게 혹시나, 하는 마음에 물었다.

"저기, 아까 구급차 타고 왔던 사람 어떻게 됐는지 아세요?"

머리를 단정히 빗어 넘긴 남자직원은 형광 고글과 마스크 안의 표정에 아무런 변화도 보이지 않은 채 누구에게 들릴세라 작게 속삭이듯 말했다.

"병실에 가셨어요."

"면회가 가능할까요?"

"아니요. 방역복을 입은 의료인만 가능해요. 가족도 면회 불가능해요. 그런데 그분과 무슨 관계세요?"

"친구예요."

"혹시… 구급차에 함께 타고 오셨던 분이세요?"

"네."

직원은 잠시 뭔가 생각하더니, 나한테 가지 말고 잠깐 기다리라는 말을 한 뒤 안내데스크에 놓인 유선전화기 수화기를 들고 버튼을 눌렀다. 잠시 후, 한 무리의 형광 연두 망토를 두른 사람들이 우르르 몰려들었다.

"감염자와 접촉하셨죠?"

"네, 그런데요?"

사람 중 한 명이 형광 연두 망토를 두른 나를 에워쌌다. 집에 가서 혼자 있어야 한다고 설명했다.

"혼자서요?"

"아님, 망토 두르고 데려오실 가족분이 있으시나요? 친구는요?"

나는 혼자서 택시나 버스를 타고 집으로 가겠다고 했지만, 그들은 그건 안 된다고 했다.

"대중교통을 이용하시면 안 됩니다. 여러 사람에게 바이러스가 전염될 우려가 있기 때문이에요."

"그럼, 저는 집에 어떻게 가요?"

"걸어서 가셔야죠."

"네?"

나는 너무 어이가 없고 황당해 잠시 말문이 막혔다. 그런 나는 아랑곳없이 그들은 일제히 뒤돌아서서 저쪽으로 걸어 갔다. 형광 연두 망토를 두른 무리가 다 같이 걸어가는 광경 은 마치, 늦가을 무렵 김장하려고 할머니와 엄마가 집 마당 에 한가득 쌓아둔 거대한 배추포기들이 걸어가는 것처럼 기 묘했다.

　결국 병원을 나와 집을 향해 터벅터벅 길을 걸었다. 전화 가 울렸다. 엄마였다.

　"딸, 집에는 잘 들어왔어?"

　"아니. 오늘 좀 일이 늦어서 이제 집에 가고 있어."

　"요새 무슨 회사가 야근을 시켜? 피곤하겠네."

　"나, 이번 주말에는 집에 못 내려갈 것 같아. 오피스텔에 혼자 있어야 돼."

　"왜? 일이 많이 바빠? 하긴, 요즘에 사람들 잘 못 나가서 배달음식 많이 시켜먹으니까 너희 회사도 바쁘겠다."

　"그게 아니고… 안나가 검은 유령 바이러스에 걸렸는데, 내가 안나랑 같이 있었어."

　"뭐?"

　"당분간 집에 못 갈 것 같아. 자가격리해야 한대."

　아까 그 배추포기를 닮은 무리는, 그 병원의 레지던트와 간호사들이었다. 그들은 내게 자가격리를 권했다. 다행히 나는 가족들과 떨어져 혼자 살고 있었다. 15평짜리 원룸 오피스텔이었다.

"혼자 있어야 한대? 얼마나?"

"보름."

"밥은 어떻게 먹고?"

"혼자 해먹어야지. 배달 시켜먹고."

"보통 일이 아니네. 어떡한다니…."

"엄마."

"응."

"당분간 우리 집에 오지 마. 아까 안나 보니까… 너무 마음 아프더라. 엄마도 다닐 때 조심해. 웬만하면 나가지 말고."

"알았어. 영서야, 저번에 할머니가 갖다 준 조그만 좌불상 있지? 거기 보면서 기도해. 스님 책 같은 것 읽어도 좋고."

"그래, 난 걱정하지 마."

"밥 잘 챙겨 먹어. 우리 딸 고생해서 어떡해."

"난 괜찮아. 끊을게, 엄마."

엄마 목소리를 들으니 눈물이 날 것만 같아 나는 황급히 전화를 끊었다. 나는 어둡고 길게 이어진 거리를 혼자서 터벅터벅 힘없이 걸었다. 할 수만 있다면, 거리 위에 당장에라도 이부자리를 펴고 지친 몸을 뉘고 싶었다. 나는 휴대폰을 꺼내 카카오맵으로 거리를 검색해보았다.

**출발 - 신촌 세브란스병원**

**도착 - 화곡동 마음오피스텔**

**13.7km.**

차로는 36분, 버스는 50분, 자전거로 50분 그리고 도보 3시간 17분. 자, 잠깐만. 도보 3시간 17분? 한두 시간도 아니고, 세 시간? 나는 눈을 비비고 휴대폰 액정화면을 다시 한번 들여다보았다. 3시간 17분이라는 분명한 숫자를 또 한 번 확인한 후 눈을 질끈, 감았다. 아, 망했다.

밤 10시 20분이었다. 걸어서 3시간 17분이라면 나는 새벽 1시 40분이 다 되어서야 집에 도착할 수 있을 터였다.

나는 길을 터벅터벅 걸었다. 저만치서 아파트 단지 베란다의 어른거리는 불빛이 보였다. 저 안에서는 가족들이 일과를 마치고 세상에서 가장 편한 자세로 거실에 앉아 TV를 보고 있겠지. 벌써 각자의 방 침대에 누워 책을 읽거나 휴대폰을 만지작거리다 잠을 청할지도 모르겠다. 건너편 제과점에서는 오늘 영업을 마치고 가게 문을 닫고 있었다. 저들 또한 일을 마친 후 집으로 향할 테지. 너무 부러웠다. 집으로 가는 차에 나 좀 태워 주면 안 되냐고, 가다가 중간에 우리 집에 내려 주면 안 되냐고 뻔뻔하게 매달려보고 싶었다.

"도와주세요….."

나는 쥐가 기어들어가는 듯 작은 목소리로 읊조렸다. 순간, 눈물이 핑 돌았다. 원래 서울은 밤이 오더라도 잠들지 않고 눈을 크게 부릅뜨고 있는 미친 괴물 같은 도시였다. 도시에 사는 사람들은 밤늦게까지 일했고, 새벽까지 공부했으며, 밤이 지나고 아침이 될 때까지 술에 취해 거리를 헤맸다. 불과 두 달 사이에 밤을 잊은 도시의 화려한 풍경은 사라졌다.

"도와주세요!"

나는 소리를 질렀다. 하지만 내 처절한 외침은 누구에게도 들리지 않았다. 내 목소리는 그저 차갑기만 한 어둠 속으로 흩어졌다. 외로운 심장처럼 뻥 뚫린 도로에는 자동차들이 쌩쌩 달리고 있었다. 그 속에서 간간이 택시도 보였다. 당장에라도 손을 흔들어 택시를 잡아타고 싶었다.

전화가 울렸다. 현성이었다.

"현성 씨."

"영서 씨, 왜 카톡을 안 봐요?"

"네?"

"집까지 바래다주려고 했는데."

"그게… 제가 병원에 잠깐 다녀오느라 못 봤어요."

"영서 씨, 어디 아파요?"

현성의 걱정 어린 물음에 나는 그만 다시 목이 메어 큼지막한 고구마 같은 침묵을 억지로 한 차례 꿀꺽, 삼킨 뒤 말을 이었다.

"퇴근길에 친구를 만났는데, 그 친구가 검은 유령 바이러스에 감염되었어요. 그 친구 몸에 내가 닿아서 같이 병원에 갔어요."

"늦게까지 회사에 있었어요?"

"네."

"회원 주문 때문이면 나랑 같이하자고 하지 그랬어요."

그럼 같이 작업하자고 먼저 이야기 좀 해주지. 일하고 있는 걸 보고서도 퇴근 시간 맞춰 쌩 나가버렸으면서. 나는 현성이 원망스러우면서도 그에게 간절한 손을 내밀고 싶었다. 내가 그의 여자친구였다면, 접촉자가 아닌 감염자였더라도 당장 달려왔겠지.

"스스로 아픈 건 못 느끼겠는데, 병원에서 나더러 아픈 사람일 수도 있다고 조심하래요. 나 보고 혼자 있으래요. 병 옮긴다고."

"내가 갈까요?"

"싫어요. 내 병, 현성 씨한테 옮으면 어떡해요."

"반찬 배달할 때처럼 영서 씨, 상자에 담아서 뚜껑 닫아서 들고 가면 되지.”

“그랬다간 아파서가 아니라 숨 막혀 죽겠네.”

“진짜 가지 마요? 나, 영서 씨 걱정되는데…. 어디쯤 있어요?”

“신촌이요.”

휴대폰 너머에서는 잠시 아무런 말도 들리지 않았다. 그래, 현성도 내가 걱정되면서 동시에 얼마나 무서울까. 뭐, 어쩌겠어. 나도 내가 지금 너무 걱정되고 무서운데.

“진짜, 가지 말까요?”

“네. 오지 마요.”

“왜요?”

“옮으면 어떡해요. 무서워요.”

“서로 2m 이상 떨어져서 가면 되잖아요.”

“오지 마세요. 부담스러워요.”

“영서 씨.”

나는 먼저 전화를 끊었다. 현성은 왜 나한테 오려고 하는 걸까. 차로 데려다주지도 못할 거면서.

※ ※ ※

현성은 회사에 처음 입사했을 때, 내 멘토였다.

작년에 입사한 나보다 1년 먼저 입사한 현성은 직무에 대해 나보다 훨씬 잘 알고 있었다. 나는 그의 뒤를 졸졸 따라다니며 수첩에 기록하면서 일을 배웠다.

"그렇게 둘이 붙어 다니다 정들겠네" 김 사장과 서 과장과 직원들은 그런 우리 두 사람을 보며 농담인 듯 아닌 듯 입을 모아 말했다.

우리 회사는 사무실과 반찬을 만드는 공장이 따로 분류되어 있었다. 주문을 받는 일과 오더를 내리는 일은 사무실에서 했지만, 재료 점검이나 수량 확인을 위해 직접 공장을 방문하는 일이 비일비재했다. 그럴 때마다 나는 현성과 함께 그의 트럭을 타고 공장으로 향했다. 여의도역 부근에 있는 사무실 건물과 의왕시청 근처에 있는 공장은 40분 정도 떨어진 곳에 있었다. 현성의 트럭은 고객들에게 배달할 반찬을 운반하는 차량 중 한 대였다.

1톤짜리 파란 트럭은 길을 달릴 때마다 의자가 덜컹거렸다. 그때마다 엉덩이가 너무 아팠다. 한번은 엉덩이가 너무 욱신거려 저녁에 씻고 옷을 갈아입으면서 살펴봤더니 엉덩이에 시퍼렇게 멍이 들어있었다. 다음날에 트럭을 타려고 조수석 문을 열었을 때, 조수석 좌석 위에 폭신한 핑크 방석이 깔려있었다.

"사무실에 방석 많기에, 하나 가져왔어요."

"고마워요. 잘 쓸게요."

현성은 사무실에서 가져온 방석이라고 했지만, 방석 모서리에 미처 뜯지 않은 상표 스티커를 보며 나는 풋, 웃어버렸다. 나에게 주려고 산 핑크 방석. 그때, 나는 현성이 나를 좋아하는 거라고 믿게 되었다.

꽃 꽃 꽃

저만치서 파란 트럭이 달려오고 있었다.

현성의 파란 트럭이었다. 짐칸 옆으로 길게 '정갈한 맛'이라는 업체명이 큼지막하게 새겨져 빛나고 있었다. 밖에서 보기에 그 트럭은 연식이 꽤 오래되었음에도 관리를 열심히 해온 덕분에 멀쩡했다. 의자가 덜컹거리는 것만 빼면 앞으로 몇 년은 거뜬히 버틸 수 있을 것 같았다.

텅 빈 거리의 검은 밤을 뚫고 나에게 달려오는 그의 트럭을 보니, 눈물이 핑 돌았다. 내가 그렇게 오지 말라고 했는데. 그런데도 나는 파란 트럭을 향해 다급히 손을 흔들고 있었다.

길가에 트럭을 세우고 형광 연두색 복장을 한 그가 문을 열고 내리자, 나는 트럭과 2m 정도 되는 거리로 후다닥 뒷걸음질 쳤다. 현성이 우두커니 서서 그런 나를 보며 말했다.

"영서 씨, 여기서 뭐 해요?"

"집에 가는 거예요."

"걸어서?"

"의사 선생님들이 걸어서 가라고 했어요."

"아무리 그래도 그렇지, 정말 걸어가려고 했어요? 신촌에서 화곡동까지 걸어서 몇 시간 걸리는지 알아요?"

"알아요. 그래도 어쩔 수 없잖아요."

"내 옆자리에 타요. 집에 갑시다."

"싫어요. 괜히 옆에 탔다가 현성 씨한테 바이러스 옮으면 어떡해요."

차디찬 밤공기가 몸을 휘감았다. 너무 춥고, 배고프고, 피곤했다. 현성은 잠시 생각에 잠긴 듯 나를 말없이 바라봤다. 현성이 다시 입을 열었다.

"밥은 먹었어요?"

"아뇨. 그 친구랑 먹으려고 했는데… 못 먹었어요."

"식당에 갑시다. 밥 사줄게요."

"저, 환자 접촉자예요. 식당 못 가요."

현성은 한숨을 푹, 내쉬었다. 답답하겠지. 나도 내가 답답해 미치겠는데.

"햄버거라도 사줄게요. 가요."

현성은 트럭 짐칸으로 풀쩍, 뛰어 올라가 박스와 비닐 따위를 한쪽으로 옮기고 트럭 조수석 바로 뒤쪽에 자리를 만들었다. 그리고 내게 형광 연두색 장갑을 낀 손을 내밀었다. 나는 망설였다. 현성은 결국 목소리를 높였다.

"여기 타요, 얼른!"

"손 안 잡을 거예요. 바이러스 옮는단 말이에요. 그리고 여기 타면 불법이에요."

"그럼 집까지 진짜 걸어서 갈 거예요? 그리고, 살면서 불법 한 번이라도 저질러본 적 없어요?"

현성은 여전히 내게 손을 내밀고 있었다. 망설이던 나는 손을 뻗어 그의 손을 잡았고, 현성은 내 손을 꼭 잡고 허리를 안고 세게 끌어당겨 위로 끌어올렸다.

나는 트럭 조수석 뒤쪽으로 가서 그곳에 엉덩이를 깔고 앉았다. 몸을 조르고 있던 긴장이 스르륵 빠져나가는 것이 느껴졌다. '어딘가에 몸을 기대고 있는 것이 이렇게 편안한 거였구나' 생각했다.

그는 짐칸에서 내려 운전석 옆에 뭔가 챙겨서는 나에게 건넸다. 녹색 담요와 핑크 방석이었다.

"여기서부터 영서 씨 집까지 차로는 30분밖에 안 걸려요. 걸어서 가려면 세 시간 넘게 걸리는데 그걸 어떻게 가려고 했어요? 바보같이."

바보? 현성의 말에, 나는 화가 났다. 하지만 여기서 내가 화를 내면 차에서 내리라고 할까 봐 두려웠다. 집으로 무사히 가는 방법은, 꾹 참는 것이었다.

나는 폭신한 방석 위에 엉덩이를 깔고 녹색 담요를 어깨 위에 덮어 몸을 감쌌다. 그는 그런 나를 걱정스럽다는 눈빛으로 바라봤다.

"천천히 운전할게요. 모서리 꽉 잡아요."

"네."

"집까지 무사히 데려다줄게요. 걱정하지 마요."

나는 현성의 눈을 보며 고개를 끄덕였다. 그때야 현성이 고글과 마스크 속에서 안심하라는 듯, 내게 미소를 지었다.

그가 운전하는 트럭이 출발했다. 텅 빈 도로에는 사람은 커녕 개미 한 마리조차 보이지 않았다. 현성의 트럭은 뻥 뚫려버린 공허한 밤을 느린 속도로 달렸다. 밤바람의 차디찬 두 손이 얼굴을 덮쳤다.

시간이 얼마나 흘렀을까.

까무룩 잠이 든 모양이었다. 나는 밝은 빛에 화들짝, 잠이 깼다. 맥드라이브 매장이었다.

"불고기버거 한 개와 핫밀크 나왔습니다. 감사합니다."

직원의 경쾌한 목소리가 들리고, 맥드라이브를 벗어나 도로 갓길에 차를 멈춘 그는 문을 열고 내려 나에게 다가와 누런 종이봉투를 내밀었다. 봉투에서 먹음직스러운 냄새가 났다. 그 안에 든 불고기버거와 우유가 따뜻했다.

"영서 씨, 가는 동안 먹어요. 그리고 영서 씨."

"네."

"진짜 안 불편해요? 내 옆에 앉을래요?"

"아뇨, 그냥 이렇게 갈래요."

"것 참, 고집 센 여자네. 알았어요, 그럼."

"현성 씨."

"네."

"고마워요."

"고맙긴요, 뭘."

"저한테 왜 이렇게 잘해줘요?"

"내가 영서 씨 좋아하니까."

순간 나는 멈칫, 했다. 이미 반쯤 눈치채고 있었음에도 그 고백을 직접 눈앞에서 마주하니 무척 당황스러웠다.

"일단, 집에 가고 나서 다음에 이야기합시다. 지금은 대답 안 해도 돼요."

현성의 이마 위로 흘러내린 어중간한 머리칼 몇 가닥이 차가운 밤바람에 힘없이 흩날렸다. 아무렇게나 흐른 그 머리카락을, 쓸어 넘겨주고 싶었다.

현성은 말을 하려다 말고 다시 운전석으로 향했다. 트럭은 다시 밤의 도로를 달렸다. 입안에 베어 문 불고기버거 한 조각이 따뜻한 우유 한 모금에 부드럽게 녹아내렸다.

트럭 짐칸에서 방석을 깔고 앉아 바라보는 도시는 죽은 듯 고요했다. 몇몇 가게를 제외한 불 꺼진 건물들과 키 높은 빌딩들은 아무렇게나 구멍이 숭숭 뚫린 허술한 밤 속에 육중한 몸을 필사적으로 숨기고 있었고, 텅 빈 거리에는 시커먼 바람만이 휘날렸다.

"현성 씨."

"네, 영서 씨."

"내일부터 저도 출근 못 해요. 대신 회원 명부는 정리해서 현성 씨 메일로 보내드릴게요."

"걱정하지 마세요. 보름 동안 휴가라 생각하고 집에서 푹 쉬어요."

"집에 먹을 게 없어요. 요즘은 배달도 잘 안 돼요."

"까짓 배달, 내가 해줄게요. 우리 회사가 음식배달업체인
데 제가 그것 하나 못 해주겠습니까? 영서 씨, 뭐가 제일 먹
고 싶어요?"

"저는… 닭발이요."

"닭발이요?"

"사실 오늘, 친구랑 같이 닭발 먹으러 가려고 했었거든
요."

현성은 잠시 아무 말도 하지 않았다. 운전석과 짐칸을 가
로막고 있는 유리 사이로 나누던 이야기는 물 먹은 솜뭉치
마냥 무거워졌다. 아픈 사람들은 무거운 존재였다. 그들이
이야기에 등장하는 순간 이야기의 무게는 묵직해졌다.

"제가 갖다 드릴게요."

"정말요?"

"영서 씨, 항상 우리 회사 반찬 다 맛있다고 했잖아요. 공
장에 이야기해볼게요. 닭발이든 오리발이든 먹고 싶은 건 나
한테 다 얘기해요."

"고마워요. 문 앞에 두고 가세요."

"네, 문 앞에."

'문 앞에 두고 가세요' 고객들이 하는 말 같네. 그건 우리
같은 회사가 가장 자주 듣는 말이었다. 직접 방문을 꺼리는
고객들에게서 자주 들었던 그 말. 검은 유령 바이러스가 퍼

지면서 더 자주 들었던 말. 나는 조수석 뒤편에 머리를 기댔다. 눈에 익숙한 파리바게프 빵집과 GS25 편의점과 버스정류장과 횡단보도가 보였다. 우리 동네였다.

"영서 씨, 집이 어디예요?"

나는 집을 알려준 뒤, 덧붙였다.

"마음오피스텔 앞까지만 바래다주세요."

"영서 씨도 문 앞에 두고 갈까요?"

"네."

유리창에 비친 우리의 얼굴 사이로 눈치 없이 다정한 미소가 스쳤다. 모두가 사라진 깊은 밤에 홀로 켜진 TV 속 코미디 영화 같았다.


오피스텔 앞에 도착한 나는 트럭에서 내린 뒤, 그를 배웅했다.

"회사에는 제가 잘 말할게요. 친구분도 건강해질 거예요."

"네, 괜찮아질 거예요. 현성 씨, 오늘 너무 고마웠어요. 다음에 밥 한번 먹어요."

"그래요, 몸조심해요. 연락할게요."

나는 현성이 트럭을 다시 타고 왔던 길을 돌아가는 것을 지켜보았다. 까만 밤이 파란 트럭을 한순간에 꿀꺽 집어삼켰다. 그를 다시 만날 수 있을까. 나는 덜컥, 겁이 났다.

나는 허겁지겁 휴대폰을 꺼내 현성에게 전화를 걸었지만, 그의 전화는 꺼져 있었다. 집 앞은 어두웠고, 내 손목에 남겨진 안나의 보라색 자수정 묵주팔찌만이 빛을 발하고 있었다. 내가 의지할 것은 이제 그 작은 묵주팔찌밖에 없었다.

그를 다시 만날 수 있을까.

안나를 다시 만날 수 있을까.

사람들의 경쾌한 발걸음 소리는 언제쯤 다시 거리를 채울 수 있을까.

나는 그 모든 사람과 보통의 날들을 다시 찾을 수 있을까.

자고 나면 잃어버렸던 모든 것이 다시 돌아오길 바라는 마음과 불안과 실망은 언제까지 이어질까.


모든 것이 사라져 가는 밤이었다.

나는 보이지도 않을 만큼 멀어진 현성의 파란 트럭을 하염없이 찾아 헤매고 있었다.

# 6

## 달빛 아래서

내가 그 애를 처음 만난 건 언제였을까요.

내가 기억하는 그 애의 첫 모습은 긴 머리를 차분히 땋아 내리고 초등학교 1학년 3반 이름표를 원피스에 달고는 나와 같은 반 교실 모퉁이에 얌전히 앉아 있던 소녀였던 같기도 하고, 조그만 내 손을 잡고 함께 꽃길을 아장아장 걷던 꼬마였던 것 같기도 해요.

내가 기억하는 가장 어린 시절부터, 아니 어쩌면 태어났을 때부터 그 애는 내 곁에 함께 머무르고 있었는지도 모릅니다.

아직도 조용히 눈을 감고 있노라면, 내 생애 아스라이 먼 기억 한 귀퉁이를 달빛처럼 가만가만 맴도는 조그만 그 애가 보입니다.

※ ※ ※

내가 기타를 배우게 된 건 초등학교 5학년 겨울방학 무렵이었습니다.

아버지는 할 줄 아는 건 겨우 음악학원에서 배운 체르니 30번 수준의 피아노를 치는 것뿐이었던 작은 아들인 저에게는 무심하다고 할 정도로 관대했지만, 나와 터울이 많이 지는 큰아들인 형에 대한 기대는 지나칠 만큼 컸습니다. 국어, 수학, 영어, 축구, 농구…. 못 하는 것이 없었던 형은 동생인 내가 봐도 완벽 그 자체였어요. 그런 형이 그 시절 빠져있었던 것은 다름 아닌, 오베이션 기타였어요.

형은 도대체 어디서 그렇게 멋진 기타를 구한 걸까요.

젊은 시절 아버지가 쓰시던 낡은 통기타처럼 연주할 수도 있고, 전선과 앰프를 연결하면 또 다른 멋진 소리로 노래하는 그 악기는 내 눈에도 몹시 근사해 보였습니다. 빛나는 베이지색의 근사한 친구.

그전까지 형이 하는 건 무조건 만족해하시던 어머니, 아버지도 큰아들이 기타를 온종일 품에 안고 살아가는 모습만은 불안하셨나 봅니다.

부모님은 형에게 단호하게 말씀하셨어요.

"이번 겨울방학을 마치기 전까지, 고3 수험생이 되기 전까지 무조건 기타를 그만둬라. 지금이 네 인생에서 얼마나 중요한 시기인데 그깟 기타만 안고 살면 되겠어? 지금 하는 밴드도 당장 그만두고, 하던 공부에 집중해. 기타 그만 내려놓고 지금부터라도 맘 잡고 공부만 하면 너는 충분히 좋은 대학에 갈 수 있어."

부모님 앞에서 형은 그 기타 가방을 한쪽 어깨에 멘 채 아무 대답도 하지 못하고 우두커니 서 있다가 자기 방으로 쿵쿵 걸어 들어가더니 이내 방문을 철컥, 걸어 잠갔습니다.

형이 싸늘한 기운만을 덩그러니 남긴 채 자기 방에 들어가 버린 후, 아버지는 거실에 외로이 서서 혼잣말처럼 나지막이 읊조리셨죠.

"인생에서 기타로 할 수 있는 건 아무것도 없어."

그 시절엔 몰랐지만, 지금은 다 알고 있어요. 아버지가 왜 그렇게 형이 기타를 치는 걸 완강하게 반대하셨는지. 젊은 시절의 아버지도 기타를 치던 음악가였고 음악을 사랑한 청년이었지만, 그것만으로 자신의 미래를 만들어가며 한 가정을 책임지기에는 부족하셨던 거죠. 그렇게 아버지가 젊은 시절의 꿈을 포기할 수밖에 없었다는 것도, 이젠 다 알아요. 그래서 그 길이 매력적인 만큼 얼마나 거칠고 위험한지, 또 그것의 손아귀에 제대로 움켜잡힌 인생은 다시금 제자리로 되돌리기가 얼마나 힘든 것인지 누구보다 잘 알고 있었던 아버지는 당신의 아들만은 자신이 걸었던 길보다 더 안전한 길을 걷기를 바라셨던 거겠죠.

나는 거실을 가로질러 형을 뒤따라가 굳게 잠겨버린 형의 방문을 두드리며 조심스럽게 방문에 귀를 갖다 댔어요.

나는 그날 방문 너머로 작게 새어 나오는, 평소 그토록 강해 보이던 형이 조용히 흐느끼는 울음소리를 태어나서 처음으로 들었습니다.

며칠 후, 깊은 밤이었어요.

형이 내 방문을 조용히 열고 들어왔습니다. 그 기타를 품에 안고서 말이에요. 형은 자신이 그토록 아끼던 그 기타를 내 품에 안겨주고서는 기타를 가르쳐 주었어요.

"자, 왼손으로 여길 이렇게 잡고, 오른손으로 여길 이런 식으로 치면서 연주를 하는 거야."

사실 저 또한 진작부터 형처럼 기타를 치고 싶었어요.

'나도 기타 배우고 싶어요. 나도 형처럼 기타 칠래요.'

하지만 형을 대하는 부모님의 모습을 보니 입안에서만 맴도는 그 말을 도저히 내뱉을 수가 없었는데, 형이 내 마음을 이해해주었던 거예요.

내가 한 번도 말할 수 없었던, 차마 꺼내지 못했던 그 마음을.

그 기타는 내 품 안에 편안히 안겨 나지막이 노래를 부르고 있었어요. 마치 처음부터 내 것이었던 것처럼. 비로소 제 주인을 만난 것처럼.

그 모습은 웬일인지 자꾸만 내게 그 애를 떠올리게 했습니다. 그 애의 뽀얗고 빛나는 피부를 닮은 베이지색 기타, 그 애의 윤기 나는 긴 생머리를 닮은 기타 줄, 따뜻하고 다정한 목소리.

언제부터였는지는 모르겠어요.

그 애는 언제부턴가 내 마음에 은은한 달빛처럼 자연스레 스며들어 나의 심장이 두근거리는 것을 온전히 느낄 수 있게 해주는, 함께 있으면 메마른 기억을 잊게 해주는, 비로소 내가 살아있다는 것을 느끼게 해주는 존재였습니다.

나는 겨울방학 내내 그 기타를 치며 살았습니다.

겨울방학을 마치고 그 애를 만나면 그 애에게 제일 처음으로 내 멋진 기타연주를 들려주리라 마음먹으면서.

나의 열두 번째 겨울은, 내 품에 다가와 준 그 친구 덕분에 외롭지도 춥지도 않았습니다.

그 애에게 처음으로 내 노래를 들려주던 그날은 겨울의 찬 기운이 아직 고스란히 남아있는 2월의 어느 날이었습니다.

분명히 겨울방학 내내 연습했는데도 여전히 내 귀에는 서툴게만 들리던 기타연주와 그 어설픈 멜로디를 타박타박 따라 걸어가는 내 노래, 마치 나를 태어나 처음 보는 신기한 동물처럼 뚫어져라 바라보던 그 애의 반짝이는 커다란 눈망울, 단독주택 2층의 그 애 방 창가의 살랑거리는 분홍빛 커튼자락….

난 연주가 끝난 후 얼굴이 붉은 홍당무처럼 붉게 달아올랐습니다. 그런 나를 향해 그 애는 방긋, 미소를 지으며 박수를 쳐주었어요.

"겨울방학 내내 혼자 이걸 연습했던 거야? 정말 잘한다."

"진짜?"

"응. 너, 분명히 여기 소질이 있나 봐."

"진짜?"

"난 네가 계속 기타 치면서 노래 불렀으면 좋겠어."

"진짜?"

"진짜로."

바보처럼 '진짜'만 되뇌던 나는, 사실 그 애에게 당당한 목소리로 이렇게 말하고 싶었습니다.

'너에게 들려주고 싶어서 기타를 연습하고 노래를 만든

**6. 달빛 아래서**

거야. 그래서 나의 열두 번째 겨울은 외롭지도 춥지도 않을 수 있었어. 네가 원한다면 난 언제까지라도 기타를 치고 노래 부를게.'

하지만 나는 그 이야기를 하기는커녕 평소와는 달리 더 이상 그 애의 방에 머물러 있지 못하고, 갑자기 할 일이 생겼다는 어설픈 핑계를 둘러대고는 기타 가방을 메고 그 집을 도망치듯 서둘러 빠져나왔어요. 그 애의 집을 허둥지둥 빠져나온 나는 달리고 달려 동네 골목 모퉁이에 웅크리고 앉아 그때야 가쁜 숨을 몰아쉬었습니다.

내 마음처럼 정리되지 않고 온통 헝클어진, 지퍼가 반쯤 열린 기타 가방 속 그 기타가 얼굴을 쏙 내밀고는 내 등 뒤에서 그런 나를 가만가만 토닥여 주며 속삭였습니다.

"괜찮아. 처음엔 다 그래."


우리는 여전히 같은 동네에서 함께 자라 같은 초등학교와 중학교에 다니는 동갑내기 친구 사이였지만, 언젠가부터 서로 조금 다른 길을 걷고 있었습니다.

나는 형이 건네줬던 오베이션 기타를 잡은 이후 점점 더 음악의 길로 빠져들게 되었어요. 그런데 그 애는 평범한 또래 친구들처럼 명랑한 소녀로 예쁘게 자라고 있었습니다.

아버지는 형이 음악 하는 것을 그토록 반대하셨지만, 형보다 음악의 길로 더 깊이 빠져들어 버린 내게는 결국 손을 들고 말았습니다.

나는 방과 후면 밴드를 하는 친구들과 어울렸습니다. 그렇게 그들과 함께 음악을 하다가, 늦은 저녁이 되면 방금 깎아낸 연필처럼 괜히 뾰족해져서는 집에 돌아와 방문을 걸어 잠그고 내 방에서 키보드와 오베이션 기타 그리고 컴퓨터와 함께 또 음악을 만들었어요.

그 애에게 들려주고 싶었습니다.

내가 만든 멋진 노래를 제일 먼저 그 애에게 들려주고 싶었습니다.

그 생각만으로 멜로디와 오선지 위를 파도 타듯 자유롭게 춤추는 시간은 내게 무척 행복한 시간이었습니다.

그렇게 나는 긴 밤을 하얗게 지새우며 만들었던 수많은 노래를 그 애에게 들려주었습니다.

나는 그 애에게 처음 노래를 들려주던 그날만 생각하면 얼굴이 절로 후끈 달아올라 그 이후부터 어둠이 내린 밤, 동네의 집 앞 작은 공원의 달빛 아래서 내 표정을 감추고는 그 애에게 그 기타를 쳐주며 노래를 불러주었어요.

밤의 공원 모퉁이 벤치에 앉아 기타와 함께 노래 부르는 나를, 그 애는 가만가만 지켜보았습니다.

그 애를 바라보는 내 두 눈 그리고 내 심장과 같은 속도로 떨리는 손가락과 그 애에게 이미 흠뻑 빠져버린 마음을 들켜버릴까 봐, 아스라이 비치는 달빛 아래서 오로지 기타를 잡은 손가락 끝의 감각과 노래 부르는 내 목소리에만 애써 집중하면서 끝까지 노래했습니다.

그 애는 단 한 번도 싫은 내색 없이, 기타로 한 박자 한 박자 정성껏 만든 노래가 참 좋다고, 그렇게 노래 부르는 내 모습이 멋있다고 박수를 치며 해맑게 웃어주었어요.

그런 나와 내가 안고 있던 기타와 그 애의 머리 위로 청아한 달빛이 가만가만 지켜보고 있었습니다.

그렇게 달빛 아래서 노래를 다 부르고 나서야 나는, 달빛보다 더 아름답게 빛나는 그 애를 보며 그 시절의 여느 소년처럼 해맑게 웃을 수 있었습니다.


어쩌면 그 수많은 밤의 달빛 아래서 그 애에게 들려주었던 수많은 노래는, 내가 그 애에게 그토록 하고 싶었던 수많은 이야기였는지도 모릅니다.

※ ※ ※

중학교를 졸업하고 우리는 다른 고등학교에 다니게 되었습니다. 같은 동네에서 자라면서 유치원부터 초등학교, 중학교까지 함께 다녔던 그 애와 그렇게 오랜 시간 떨어져 본 건 그때가 처음이었어요.

나는 고등학교에 다니면서, 여긴 내가 있을 곳이 아니라는 생각이 들었습니다. 땀 냄새가 진동하는 터프한 사내들만의 세계 속에서 치열하게 싸우고 버텨야 하는 것도 힘들었지만, 무엇보다 아침부터 밤까지 기타와 떨어져 있어야 하는 수업시간이 나에겐 고통의 시간이었어요. 수업하는 선생님의 목소리도 귀에 들어오지 않았고, 칠판을 빼곡하게 채운 글씨도 보이지 않았습니다. 오직 기타연주 소리만 내 몸속에서 가득 차오른 채로 내내 진동하고 있었습니다.

그 시절의 나는 그저 그 기타에 빠진 정도가 아니라, 이미 그것에 미쳐버린 상태였어요.

나는 결국 고등학교를 들어간 첫해 첫 학기 중간고사를 치르고 난 무렵, 아버지와 어머니에게 말씀드렸습니다. 학교 공부와 음악을 도저히 함께할 수가 없다고. 두 가지를 다 할 수 없다면 차라리 학교를 그만두고 음악을 하고 싶다고.

아버지와 어머니는 제 이야기를 듣고는 며칠 밤을 꼬박 새운 끝에 힘들게 내 고등학교 자퇴를 허락해주시면서 내 손을 꼭 잡고는 말씀하셨습니다.

"열일곱, 너는 아직 어린 나이지만 이젠 울타리가 없는 차가운 정글에 홀로 서 있는 어른이 된 것과 마찬가지란다. 지금부터는 네 길에 스스로 더 큰 책임을 져야 한다. 정글에서 살아남을 수 있는, 뜨거운 태양처럼 강한 사람이 되어야 해. 아들아."

※ ※ ※

내가 고등학교를 그만 다니게 되었다는 이야기를 듣고, 그 애는 충격을 받은 것 같았습니다.

"커피 마실래?"

멍하니 한동안 말이 없던 그 애가 한참이 흐른 후에 내게 건넨 말은 그전까지 그 애에게 한 번도 들어본 적이 없던 커피 마실래, 한 마디였습니다. 그때 그 애의 놀란 표정과 크고 동그란 두 눈은 정말이지…. 나는 그만 웃음을 터뜨리고 말

앉어요.

"커피라니, 무슨 엉뚱한 소리야?"

그 애의 얼굴을 보면서 나는 한참 동안 깔깔거리며 웃었습니다. 나를 가만히 바라보던 그 애는 자기 방을 나가 계단을 총총 내려가서 1층의 주방으로 들어가더니 달그락달그락, 뭔가를 준비했습니다. 잠시 후, 그 애는 주방에서 꽃 한 송이가 우아한 자태로 그려진 조그만 찻잔 한 개를 책상 위에 조심스럽게 올렸습니다. 나는 우리가 어릴 적 소꿉놀이할 때나 봤음직 한 그 앙증맞은 찻잔을 들여다봤습니다. 그것은 흔히 봐온 캐러멜 빛깔의 달콤한 믹스커피가 아닌, 사진으로만 봤던 잉크처럼 검고 진한 에스프레소 커피였습니다.

"이건 무슨… 상황이야?"

내가 의아한 표정으로 묻자, 그 애가 책상 위에 올려둔 찻잔을 내게 쓱, 밀었습니다.

"고등학교 그만뒀다며."

"응. 이제 나 고등학생 아니야."

나는 다시 소리 내어 크게 웃었습니다. 심각한 분위기가 싫어서. 내가 웃으면, 그 애도 나처럼 웃어줄 것 같아서.

토요일 오후 그 애의 집은 우리 둘만 덩그러니 남겨져 있었어요. 그 애는 그 집의 하나뿐인 자식이었고, 아줌마와 아저씨는 맞벌이를 하셔서 우리는 어릴 때부터 텅 빈 그 집에서 같이 노는 게 일상이 되어버린 지 오래였습니다.

크게 웃어젖히는 나를 바라보면서 그 애는 평소처럼 함께 웃지 않고, 그저 미지근하게 미소 지었어요.

"그럼 너, 이제 어른이야."

"어른?"

"응. 우리 어렸을 때 소꿉놀이하면서 했던 말 기억나?"

나는 말없이 고개를 저었습니다. 그 애가 그 커다란 눈망울로 내 눈을 빤히 바라봤어요.

"커피 중에는 에스프레소라는 게 있는데, 그 커피는 어른들만 마시는 거라고. 그래서 어른이 되어야 그 독하고 진한 커피를 마실 수 있는 거라고, 네가 그랬어."

"내가?"

"마셔."

그 애의 진지한 표정을 보고 나서 나는 그때야 웃음을 멈추고, 책상 위에 놓인 찻잔을 조심스레 들고서는 에스프레소를 한 모금 마셨습니다.

그 검은 뜨거움, 진한 쓸쓸함, 독한 아릿함. 에스프레소를 마시며 일그러지는 내 얼굴을, 그 애는 책상 위에 두 팔을 괴고 물끄러미 바라보았습니다.

"어때?"

"괜찮아."

"축하해. 나보다 일찍 어른이 됐네."

"에스프레소 한 잔 마신다고 다 어른인가, 뭐."

"그래도 오빠라고 안 부를 거다."

"당연하지."

"근데… 있잖아."

"응."

"나는 조금 슬퍼."

"왜?"

"네가, 내 손을 놓고 저만치 앞서 달려간 것 같아서."

위로가 필요한 순간은 느닷없이 찾아옵니다.

나는 아직 네 손을 잡고 있다고, 그리고 아직 나도 너와 같은 열일곱 살이라고. 하지만 나는 그 말을, 그 애의 쓸쓸한 눈빛을 보면서 도저히 담담하게 내뱉을 수가 없었습니다. 나는 그 말을 하는 대신 그 애의 동그랗고 촉촉한 눈망울을 바라보며 물었습니다.

"내가 어떻게 해줄까?"

그 애는 아직 슬픔이 채 가시지 않은 얼굴로 미소를 지으며 나지막이 속삭였습니다.

"노래 불러줘."

나는 기타를 품에 안고서 노래를 불러주었습니다.

그렇게 나는 노래로 그 애의 손을 잡고, 그 애의 눈물로 젖은 뺨을 어루만지며 슬픔을 위로했습니다.

나는 그저 그 애에게 들려주고 싶은 노래를 만들어 부르고 기타연주를 연습했던 것뿐이었어요. 때론 내 방에서 소리를 크게 지르기도 하고, 기타를 미친 듯이 연주하곤 했죠. 형은 그런 나의 모습을 디지털카메라로 촬영해 그 동영상을 자신이 운영하는 인터넷 블로그에 올렸습니다.

고작 4분짜리 그 동영상은 소문에 소문을 타고 의외로 뜨거운 반응을 얻었습니다.

형이 촬영해 올린 그 동영상 덕분에, 저는 어느 기획사와 손을 잡고 음반을 내고 TV에 출연해 공원의 소박한 달빛이 아닌 무대의 화려한 조명 아래에서 노래를 부르는 가수가 되었습니다.


사람들은 저를 '터프한 반항아'라고 불렀습니다.

터프한 반항아. 그것은 여태껏 단 한 번도 타본 적이 없는 고급 스포츠카 같은 근사한 타이틀이었습니다.

사람들은 나의 굵직한 목소리와 기획사에서 내게 건네준 비싸고 검은 전자기타와 번쩍이는 가죽재킷과 나의 건방진 눈빛마저 터프한 반항아의 그것이라며 엄지손가락을 추켜세웠고, 강렬하고 눈부신 태양 같은 조명 아래 무대 위에 우뚝 선 나를 향해 소녀들은 무리 지어 몰려다니며 반짝이는 풍선과 내 이름을 크게 붙여 만든 플래카드를 흔들며 환호했습니다.

행복했습니다.

내가 좋아하는 일을 하면서 돈도 벌게 되었고, 많은 이들에게 사랑도 받았으니까요.

하지만 이 모든 게 정말 온전한 내 것인지에 대해서는 확신할 수가 없었어요. 그리고 이게 내가 그토록 바라던 꿈이었는지도 말입니다.

❉ ❉ ❉

4월의 어느 늦은 밤, 스케줄을 마치고 지칠 대로 지친 발걸음을 이끌며 터덜터덜 집으로 돌아가는 길이었습니다.

골목 저만치서 그 애가 담벼락에 기대어 긴 생머리를 커튼처럼 늘어뜨리고 고개를 푹, 숙인 채 땅바닥을 슬리퍼로 툭툭, 차고 있었어요. 담벼락 위 가로등의 일렁이는 불빛만이 그 애의 자그마한 몸을 비추고 있었습니다.

나는 그 애를 보는 순간, 신기하게도 그전까지 힘없이 질

질 끌던 발걸음이 저절로 빨라져 한달음에 그 애에게로 달려
갔습니다.

"이 시간에 웬일이야?"

나는 나도 모르게 그 애의 손을 덥석, 잡았습니다. 기타를
치면서 거칠고 딱딱한 굳은살이 박인 내 손가락이 그 애의
부드러운 손가락에 닿았습니다. 그 애의 따뜻하고 부드러운
손을 잡는 순간, 그때까지 내 몸을 휘감고 있던 끈덕진 피로
가 한순간에 날아가는 것 같았어요.

"그냥, 보고 싶어서."

그 애는 내 얼굴을 빤히 바라보며 말했습니다. 그 애를 마
주 보는 내 얼굴에 편안한 미소가 번졌습니다.

"전화하지."

"치, 전화한다고 예전처럼 네가 나한테 바로 달려와 줄 것
도 아니잖아."

나를 많이 기다리다 지쳐 심통이 난 모양인지 투정 섞인
그 애의 말투가 귀여워 내 입술은 절로 양쪽으로 크게 벌어
졌어요.

"요즘 너무 바빴어."

나는 그 애를 본 것이 그저 너무 좋아서 몸을 힘겹게 짓
누르는 눅진한 피곤함도 다 잊어버리고 어린아이마냥 웃으
며 그 애의 오른손을 맞잡은 내 손을 천진난만하게 흔들었

습니다. 그 와중에도 그 애는 내 얼굴을 빤히 바라보고만 있었어요.

"몸은 괜찮아?"

"괜찮아."

눈물처럼 그렁그렁 맺힌 가로등 불빛 아래에서 걱정스러운 눈빛으로 나를 보던 그 애가 내 이마에 왼손을 짚었습니다. 나보다 한참 누나 같은 그 애의 어른스러운 몸짓이 어색해 나는 그만, 웃음을 터뜨렸습니다.

"야, 그렇게 웃지 마."

"왜?"

"그렇게 웃으니까 꼬맹이 같아. 근데 지금 너는 터프한 반항아잖아."

터프한 반항아. 그것은 사람들이 그 시절의 내게 붙여준 별명이었죠. 너무 많이 들어서 지겹기도 했는데 그 말을 정작 그 애의 입을 통해 들으니 새삼 웃겼던 거예요. 나는 또 한 번, 소년처럼 크게 웃었어요. 그때야 그 애도 걱정이 가득 담긴 눈빛을 거두고는 내 얼굴을 마주 보며 같이 웃었어요.

"얼굴 봤으니까 됐어. 나 이제 갈게."

내가 잡은 그 애의 부드러운 오른손이 내 손아귀 안에서 스르륵, 빠져나갔습니다.

깊고 아득했던 그날 밤. 내 눈앞에서 어두운 골목 너머로 아스라이 사라져 가는 그 애의 뒷모습을, 나는 마지막 순간까지 놓치고 싶지 않아 바라보고 또 바라보았습니다.

그 애가 사라진 골목을 바라보다 문득 올려다본 하늘에는 이미 반쪽이 사라진 달이 떠 있었습니다.

한쪽이 기울어진 달빛이 내게 물었습니다.

괜찮으냐고.

내가 답했습니다.

괜찮아. 아직은.


※ ※ ※


여름이 짙어갈 무렵이었습니다.

며칠째 통 잠도 자지 못하고 입맛도 없어 밥도 잘 먹지 못했는데 공연, 방송 스케줄과 광고 촬영까지 줄줄이 겹치는 바람에 도무지 쉴 틈이 없어 몸이 지칠 대로 지쳐 있었습니다.

그날의 마지막 스케줄은 아몬드 아이스크림 CF 촬영이었어요. 스케줄이 밀려있었던 탓에 저녁에서야 시작된 CF 촬영은 밤늦게까지 이어졌습니다. 너무 지치고 입맛도 없는데 아몬드 아이스크림이라니, 생각만 해도 구역질 나는 CF 촬영이었어요. 기분이 잔뜩 구겨져 있는데 당연히 좋은 연기가 나올 리 만무했죠. 하지만 사람들은 반항기 가득한 내 눈빛과 무심한 목소리가 터프한 이미지의 아몬드 아이스크림과 잘 어울린다며 좋은 말만 해주었어요. 언제나 그랬듯, 좋은 말만.

"이제 밥 먹으러 가자."

드디어 CF 촬영이 끝나고, 매니저 형의 목소리가 들렸습니다. 밤 10시에 먹는 저녁이라니. '먹기 싫어, 그냥 자고 싶어'라고 말하려는데 뭔가 이상했습니다. 갑자기 내 몸이 말을 듣지 않았어요. 목소리가 입술 밖으로 시원스레 터져나가지 못하고 내 몸 안에서만 나직한 베이스드럼 소리처럼 둥둥 울리면서 둥그렇게 맴돌고 있었습니다.

"왜 그래?"

내가 이상하다는 것을 제일 먼저 알아챈 코디 누나가 내게 다가와 물었습니다.

'밥 안 먹을래. 너무 피곤해서 자고 싶어.'

하지만 그 말을 하려고 애써봤자 입술만 겨우 달싹일 뿐, 정작 입 밖으로는 아무 말도 나오지 않았어요.

저만치서 정체 모를 초록빛 덩어리가 나를 향해 빠른 속도로 날아오고 있었습니다.

결국, 나는… 내게 빠른 속도로 다가오는 정체 모를 초록빛을 피하지 못하고 그것에 쾅, 하고 부딪혀 그 자리에서 쓰러졌습니다.

다시 눈을 떴을 때, 나는 새하얀 병실 침대에 홀로 누워 있었습니다.

내가 무리한 스케줄 탓에 과로로 실신했다는 소식을 들은 가족들은 병원으로 달려와 잠든 내 얼굴을 보고는 내가 조용히 푹 쉴 수 있도록 다시 집으로 돌아갔다고 했어요. 가족들의 배려였다는 걸 알았지만, 또다시 혼자 덩그러니 남은 나는 외로웠고 슬펐습니다.

매니저 형은 침대에 힘없이 누워있는 내게 또 올 사람이 있다고 했습니다. 매니저 형이 나를 위해 부른 사람이라고 했어요.

"누구…?"

"너, 구급차 안에서 내내 그 친구 이름 부르더라. 그래서 알았지. 네가 좋아하는 사람이 있다는 걸."

"그 애한테… 연락을 했다고?"

하지만 매니저 형의 대답을 들을 새도 없이 나는 다시 잠 속으로 빠져들었습니다. 마침 병실에 들어선 간호사가 또다시 주사를 놓았거든요. 코끝이 찡한 냄새가 나고, 소량을 맞고도 정신을 잃을 정도로 독한 그 주사. 아마 내가 잠든 건 그 독한 주사 때문만이 아니었을 거예요.

나는, 더 이상 이기지 못할 만큼 지쳐 있었던 거예요. 조그만 주사 한 방에도 정신을 잃고 잠들어버릴 만큼.

또다시 혼자 남은 새하얀 병실, 링거가 한 방울 한 방울 일정한 속도로 내 혈관 속으로 흘러들어 가고 있었습니다.

다시 눈을 떴을 때, 나는 내가 아직도 꿈을 꾸는 줄 알았습니다.

머리맡의 작은 불만 켜진 어두컴컴한 병실 속, 내 눈앞에 그 애가 보였으니까요.

나는 천천히 몸을 일으켜 침대 헤드에 힘겹게 등을 기대어 앉았습니다. 그 애가 걱정 가득한 눈빛으로 여전히 나를 바라보고 있었습니다. 그때야 그 모든 게 꿈이 아니라는 것을 알았습니다.

그 애가 눈물이 그렁그렁 맺힌 눈망울로 나를 바라보며 울음으로 목이 메 겨우 새어 나오는 작은 목소리로 내게 물었습니다.

"다친 거야…?"

"아니야. 그냥 좀 피곤했나 봐."

나는 언제나 그랬던 것처럼 그 애에게 웃어주고 싶었는

데, 그럼 그 애도 내게 웃어줄 것 같았는데. 그게 맘처럼 잘 되지 않았어요. 그 애는 지쳐 푸석푸석한 내 얼굴을 하염없이 바라보았고, 나도 그 애를 그저 힘없이 바라보고만 있었습니다.

"너를 얼마나 힘들게 했으면… 이렇게 지쳐 쓰러지게 해? 네가 얼마나 강한 사람인데."

'아니야. 그렇지 않아. 네가 생각하는 그만큼 난 그렇게 강하지 않아. 난 터프하지도 않고, 반항아도 아니야. 혼자서 음악 할 때 실수도 많이 하고, 가끔 울기도 해. 상처받으면 아프고, 힘들면 지쳐 쓰러지는 평범한 사람이야.'

하지만 나는 그 애에게 아무 말도 해줄 수가 없었습니다. 그 애는 매니저 형의 연락을 받자마자 허겁지겁 챙겨 입은 게 분명한 옷차림과 아무렇게나 묶은 긴 머리와 여전히 새하얀 얼굴로, 내 눈앞에서 이 세상 그 누구보다 아름답게 빛나고 있었어요.

그 애를 본 것도 오랜만이었어요.

그리고 그렇게 만나지 못한 그 시간만큼, 우리는 많은 것이 바뀌어 있었습니다.

그 애는 내게 가까이 다가와 금발로 염색한 내 머리를 부드럽게 쓰다듬어주었습니다. 나는 그 애의 손을 잡았어요.

내 손가락의 딱딱한 굳은살이 그 애의 부드러운 손가락에 닿았습니다.

'우리는 왜 이렇게 변해버린 걸까.

우리는 왜 이렇게 멀어져 버린 걸까.

그동안 네가 너무 보고 싶었어.'

나는 그토록 하고 싶었던 수많은 말 대신 내 눈앞에서 링거처럼 한 방울 한 방울 숨죽여 울고 있는 그 애를 힘껏 안았습니다.

우리는 이미 너무 많은 것이 변해버렸고 변해버린 만큼 너무 멀어져 버렸지만, 그 애는 여전히 내게 사랑스러운 존재였어요.

그 애도 두 팔로 나를 따스하게 끌어안아 주었습니다. 그리고 우린 뜨거운 키스를 나눴습니다.


창밖의 깊은 어둠 속 희미한 달빛이 내게 물었습니다.

괜찮으냐고.

나는 마음속으로 말했습니다.

괜찮다고.

이렇게 함께하고 있으니, 괜찮지 않아도 괜찮다고.


우리가 키스를 나누었던 그 밤, 더 이상 친구가 아닌 연인

**6. 달빛 아래서**

으로 다시 시작되던 그 밤. 그 밤 이후 그 친구에게서는 연락이 없었습니다. 그리고 한참 후에 그 애의 소식을 들었습니다. 그 친구는 부모님이 건너온 미국으로 다시 가게 되었다는 소식을요. 거기서 공부를 하고 미래의 터전을 잡을 생각이라는 것도.

내가 느꼈던 슬픔과 행복한 불안을, 그 친구도 느꼈던 것입니다. 그 애는 먼저 달아났습니다. 언젠가 사라질 달빛 같은 사랑에 빠져버리기 전에.

※ ※ ※

모든 것은 다 그렇게 지나갑니다.

내가 잘 나가던 터프한 반항아 가수였다는 것도, 그 시절의 아픈 첫사랑도, 이젠 지나간 한때의 과거일 뿐이죠.

하지만 오랜 시간이 흐른 지금도 나는 음악을 만들고 노래를 부르고 기타를 칩니다. 공연 기회도 적고 팬들도 많이 줄었지만, 그래도 괜찮습니다.

나는 내가 좋아하는 일을 하면서 살고 있으니까요.

그리고 그 친구와 했던 그 약속을 지키며 살고 있으니까요.

음악을 계속해달라던, 오래전 그 약속.

벌써 20년이 흘렀군요.
그 애도 이젠 누군가의 아내가 되고, 엄마가 되었겠죠.
아마 나에 대한 기억도, 희미해졌을 거예요.

나는 지금도 그 애가 아니, 그녀가 가끔 그리워집니다.
그녀를 다시 만나게 된다면, 나는 그때처럼 노래를 불러주고 싶어요.

들킬까 봐 쑥스러워 수줍어하는 내 표정과 떨리는 손가락을 감추기 위해 만났던 달빛 아래서처럼.

지금도 그 마음은 여전하므로… 달빛 아래서.

# 7

블루블랙

"이 색깔로 해주세요."

거울 앞 맞은편 의자에 앉은 여자는 자기 휴대폰 안의 사진첩을 열어, 그다지 인기가 많지 않은 여배우 사진을 손가락으로 가리켰다. 그녀가 가리킨 사진 속에서 시원한 미소를 짓고 있는 여배우는 파란 단발머리였다. 그녀의 휴대폰 속 사진을 본 남자가 다시 물었다.

"손님, 블루블랙 컬러로 염색하시는 거죠?"

"네."

"알겠습니다. 준비해드릴게요."

남자는 다정한 미소를 머금은 표정으로 여자 손님의 휴대폰 속 사진을 다시 확인했다. 블루블랙. 그녀의 머리는 탈색한, 밝은 노란색이었다. 그는 생각했다. 이 상태에서 블루블랙으로 염색하면 색깔이 제대로 나오겠는걸. 그의 눈에 비치는 밝은 노란 머리의 그녀는, 당돌한 머리색깔처럼 될 대로 되라는 식으로 자유분방하게 살아가는 여자로는 보이지 않았다. 그녀의 진지한 눈빛과 야무지게 앙다문 입술이 그것을 설명해주고 있었다. 당신에게도 차마 말하기 힘든 사연이 있는 거겠죠. 아마 지금쯤 인생의 가파른 언덕을 힘겹게 넘어서는 중이겠죠. 남자는 여자와 함께 모습이 비친 거울을 잠시 바라보다, 이내 저쪽으로 성큼성큼 걸어가 미용 도구를 준비했다.

그녀가 거울에 비친 자기 모습에 멍하니 시선을 고정한 채, 자신에게 돌아온 남자에게 물었다.

"블루블랙, 요즘도 많이 하나요?"

"유행이 많이 지났긴 해도 지금도 이 컬러를 찾으시는 손님이 종종 계세요. 색이 잘 나오면 굉장히 멋진 컬러거든요."

남자가 친절하게 대답했다. 며칠 밤부터 잠을 설쳐 창백하고 푸석푸석한 피부, 진지하지만 아직도 갈피를 잡지 못한 불안한 눈빛, 아파 보일 정도로 샛노랗고 어중간한 길이의 머리칼. 그녀는 거울에 비친 자신을 빤히 바라보던 눈을 천천히 질끈, 감았다가 떴다.

그녀는 검은 머리끈으로 질끈 묶은 머리를 풀고 검은색 뿔테 안경을 벗었다. 머리는 제법 길었고, 끝이 상해 있었다.


여자는 왜 삶에 변화가 생기면 머리부터 바꿀까.

여자들은 자신을 비추는 거울 앞에 앉아 평범한 검은 머리를 밝은 핑크로 물들여달라고 하고, 어렵게 기른 것이 분명한 긴 생머리를 삭발로 밀어달라고 하기도 했으며, 폭탄

맞은 듯 파격적인 펌을 해달라고 했고, 방치한 긴 머리를 극단적으로 짧게 잘라달라고 하기도, 노랗게 탈색한 머리를 얌전한 진한 갈색 혹은 검은색으로 다시 염색해달라고도, 발랄하게 찰랑거리는 생머리에 우아한 웨이브 펌을 해달라고 하기도 했다.

여자들은 말했다. 고등학교를 졸업했어요. 큰 수술을 앞두고 있어요. 결혼까지 약속했던 남자친구와 헤어졌어요. 중요한 시험을 망쳤어요. 내일 첫 출근이에요. 곧 결혼해요.

그녀 또한 그런 것이리라. 그녀 앞에 펼쳐진 길에 느닷없는 무언가가 나타난 것이리라. 지금 그것과 맞닥뜨린 것이리라. 남자는 미루어 짐작했다.

그녀가 들어선 화요일 오후 2시의 미용실은 한산하기 그지없었다. 여자미용사 한 명이 카운터에 놓인 의자에 앉아 잠시 휴식을 취하고 있었고 남자미용사 한 명이 보송하게 마른 수건들을 정리하고 있었다. 건너편에는 여자미용사가 서서 손님의 긴 머리칼을 기계로 펴주고 있었다. 다소 시간이 오래 걸리는 펌을 하는 손님 둘이 소파에 앉아 하릴없이 커피를 마시며 잡지를 넘기거나 휴대폰을 들여다보면서 무료한 시간을 견디고 있었다.

그녀는 끝이 상해버린 긴 머리카락을 어깨선까지 잘라낸 후 염색을 하기로 했다.

"처음이시죠? 이 숍은."

"네. 친구가 여기 머리 잘한다고 해서, 소개받고 왔어요."

"그러시구나."

남자는 노련하고 가벼운 손놀림으로 미용 가위를 돌려가며 여자의 머리카락 끝을 잘랐다. 쓱, 쓱, 쓱. 경쾌한 가위 소리와 함께 머리카락이 숭덩숭덩 잘려 그녀의 작은 어깨를 타고 흘러내려 바닥에 쌓였다.

"실례지만, 어떤 일을 하세요? 학생?"

의자에 앉은 그녀에게 저만치서 남자가 염색약을 부은 용기와 브러시를 가져오면서 물었다. 남자의 올백으로 넘긴 검은 머리와 보라색 피어싱 귀고리와 멋스럽게 기른 콧수염이 그녀의 눈에 띄었다. 그녀는 자신의 두 손을 꼭 잡았다. 반지는커녕 매니큐어를 바른 자국 한 점 없는 그녀의 손가락에는 반창고가 덕지덕지 붙어있었다.

"요리 배우고 있어요."

"아아, 셰프?"

남자는 입술을 모아 쭉 내밀었다 펴면서 '셰프'를 발음했다. 그의 멋스러운 콧수염이 입술과 함께 움직였다.

"아뇨. 아직 거기까진 아니고요."

그녀가 손사래를 치며 쑥스럽게 웃었다. 미용실을 들어선 이후 그녀가 처음으로 지은 미소였다. 웃으니까, 그때야 여자의 얼굴에 제 나이 특유의 설렘과 풋풋함이 드러났다.

"아! 그래서 손이⋯."

남자는 여자의 손에 붙어있는 반창고에 잠시 시선을 두었고, 여자는 제 손가락이 부끄러운 듯 주먹을 쥐었다. 남자는 이내 그녀의 손을 향했던 시선을 거두고 여자의 머리칼 한 움큼을 집게로 고정한 뒤, 안쪽 머리부터 염색약을 바르기 시작했다. 그녀는 정수리에 머리카락을 집은 집게를 고정하고 염색하고 있는, 거울 속에 비친 자신의 모습을 물끄러미 바라보다가 조용히 입을 열었다.

"집에서 반대를 많이 했어요. 요리를 배운다고 하니까."

"아니, 요즘 요리사가 얼마나 인기 많은데. 원래 무슨 일을 하셨는데요?"

"의대를 다녔어요."

여자의 머리에 염색약을 바르는 남자의 길고 섬세한 손가락이 아주 미세하게 흔들렸다. '미친 여자다. 세상에, 의대를 관두고 요리 따위나 배우다니. 애가 정신이 있는 거야, 없는 거야. 내가 네 부모였어도 도시락 싸 들고 따라다니며 반대했겠다' 남자는 속으로 읊조리며 다시 여자의 머리에 염색약을 적당한 강도와 속도로 발랐다.

"그런데 왜 하필이면 요리를⋯?"

남자는 자기도 모르게 무심코 퉁명스럽게 내뱉고서야 아

차, 하고 다시 말을 멈추고는 아랫입술을 지그시 깨물었다. 여자는 거울에 비친 자기 얼굴을 보며 아무렇지도 않은 듯, 입을 열었다.

"다 그렇게 물어봐요. 다들 의대를 얼마나 힘들게 들어가는데 넌 거길 도망치듯 뛰쳐나와서 어떻게 요리 같은 거나 배우냐고, 미친 것 아니냐고…. 저도 처음에는 공부 잘하면 무조건 의대, 법대, 약대 이런 데 가야 하는 줄 알았거든요. 그렇게 하는 게 당연하다고 생각했고요."

거울 옆 선반 위에 올려둔 여자의 휴대폰이 잠깐 울리다 말았다. 보통 그럴 때면 휴대폰을 확인하는데, 그녀는 눈동자만 그쪽으로 옮겨 잠시 그것을 보다가 이내 정면의 거울로 시선을 옮겼다.

"그런데, 그게… 너무 싫었어요."

그녀는 침을 꿀꺽, 삼키고 눈을 질끈 감았다. 그 풍경이 감은 눈앞에 아른거리는 것만 같았다. 그녀는 잠시 숨을 고른 뒤, 다시 눈을 떴다. 남자가 대답을 기다리고 있었다. 여자가 말했다.

"해부 실습."

남자는 "아아" 하고 작은 한숨이 섞인 추임새를 내뱉었다. 해부 실습. 공포영화에서나 나올 법한 끔찍한 장면이 의대생들에게는 일상이었다. 여자는 남자 허리 옆의 카트 위에 놓인, 날이 선 미용 가위를 물끄러미 쳐다보았다.

※ ※ ※

그 사람은 차가운 침대 위에 누워 있었다.

교수님과 그녀를 비롯한 의대생 다섯 명이 고개를 숙이고 두 눈을 감고 두 손을 공손히 모으고 기도를 했다. '전능하신 하나님 아버지'에서 '예수 그리스도의 이름으로 기도하옵나이다, 아멘'으로 끝나는, 기도.

의대를 입학하고 첫 해부 실습 수업이었다. 머리가 이미 반 이상 벗겨져 이마가 반들거리는 교수님은 그날의 강의에 대해 의학용어를 섞어 설명하기 시작했다.

"해부는 사체의 부위별로 한다. 보통 흉부, 즉 복부와 외음부, 사지, 머리 순서대로 한다. 각 부위는 표면을 관찰하고 나서 피부를 벗겨 근막을 확인하고 피하지방층에 있는 신경을 본다. 그다음 지방을 긁어내고 속 근막을 들어낸 후에 근육을 관찰하고, 신경과 혈관을 확인한 후 근육을 잘라서 속에 있는 다른 근육과 신경, 혈관을 보고 다시 근육을 잘라낸다. 그리고 장기와 장기에 연결된 가장 안쪽의 근육과 신경과 혈관을 본 후에 다른 부위로 넘어가도록 한다. 여기서 가장 중요하게 체크해야 하는 건 각 근육, 신경, 혈관, 장기의 위치관계와 역할이다. 너희 같은 경우에는 보자, 다섯 명이지? 그러니까….”

그녀는 교수님 지시에 따라 실습용 메스를 들었다. ‘이건 실습이야. 실제 수술이 아니라고. 여기 누워있는 시체도 사람이 아닌 정교하게 만든 인형이야. 그래, 아닐 거야.’

해부 실습이 본격적으로 시작되었다. 피부가 갈라지고, 벌어진 틈 사이로 붉고 노란 무언가가 보였다. 그녀는 너무 무서워서 제정신으로 실습하는 건지, 지금 자신이 무얼 하는 건지 알 수 없었다. 급기야 입을 가리고 있는 마스크 안으로부터 신음이 새어 나왔다.

“혜미야.”

그녀는 자기 이름을 부르는 누군가의 목소리에 고개를 들었다. 그녀는 제 눈을 의심했다. 주위에 있던 교수님과 동기들이 어디론가 사라지고 없었다. 해부 실습실에는 그녀와 이미 몸 이곳저곳이 난도질 된 채 누워있는 시체 말고는 아무도 없었다.

‘방금 그 목소리는 누구지? 누군가가 분명 내 이름을 불렀는데.’

정체 모를 누군가의 나직하고 굵은 목소리가 계속해서 그녀의 이름을 불렀다. 그녀는 아래를 내려다보았다.

"혜미야, 정신 똑바로 차려라. 괜히 엉뚱한 데 찌르지 말고."

해부 실습용 시체가 덮여져 있던 천을 걷고 얼굴을 드러낸 채 입을 벙긋거리며 낮은 목소리를 토해내고 있었다.

"누, 누구세요…?"

"나는 이제 이름이 없다. 그냥 해부 실습용 카데바다."

시체는 끝내 이름을 밝히지 않은 채 입만 벙긋거리면서 말을 내뱉고 있었다. 50대 중년 남성으로 사인은 심장마비. 아까 들은 교수님의 세련된 의학용어로 뒤범벅된 이야기가 시체의 말과 겹쳐져 실습실에 울려 퍼지고 있었다.

"여기… 왜 이러고 있으세요?"

그녀는 물었다. '시체에게 한다는 질문이 고작 그 정도 수준이라니. 도대체 의대는 무슨 머리로 들어왔니?' 그녀는 속으로 자신을 비웃고 있었다.

"그러는 넌 여기서 뭐 하고 있니?"

"네?"

"뭐 하고 싶어서, 뭐가 되고 싶어서 여기에 온 거냐고."

시체는 두 눈을 부릅뜨고 그녀를 올려다보며 물었다. 그 차가운 눈빛과 냉정한 질문. 너는 여기서 뭐 하고 있냐고. 뭐 하고 싶으냐고. 뭐가 되고 싶으냐고.

"저는… 의사가 될 거예요. 열심히 공부해서 의사할 거예요."

그녀의 대답이 어린아이가 조막만 한 손으로 만지작거리다 아무렇게나 던져버린 찰흙 뭉치처럼 철딱서니 없고 투박한 모양새로 또르르 굴러 나왔다.

"해야 할 것 말고, 하고 싶은 것 말이야. 부모가, 선생님이 원하는 것 말고, 오로지 너만이 진짜로 원하는 것."

그녀는 마른 침을 꿀꺽, 삼켰다. 시큼한 신물이 뱃속에서 목구멍까지 타고 올라와 식도가 쓰라렸다.

"평범하게 태어나 평범한 가정에서 평범한 교육을 받고 평범한 직장과 평범한 결혼과 가족…. 평범함은 곧 나였다. 언젠가는 죽을 거라는 생각을 하고 있었으면서도 나는 사는 동안 나 자신이 특별한 존재라는 생각은 단 한 번도 해본 적이 없었어. 어느 날, 회사에서 단체로 건강검진을 하는데 '시신기증'에 대한 팸플릿을 보게 되었다. 그때야 그런 생각이 들더군. 뼛속까지 평범한 내가 이 세상에 온전히 남길 수 있는 건 무엇일까? 이 세상에 예술가처럼 사람들 마음을 온통 물들일 감동적인 작품을 남길 수도, 박사처럼 위대한 연구업적을 남길 수도, 차라리 악의 축이 되어 세상을 파괴시킬 수도 없다면…. 의대에 내 몸을 기증해 의학발전에 도움이 되어 그렇게라도 조금이나마 내가 특별해지기를 바라면서 의

**7. 블루블랙**

대에 죽은 내 몸뚱어리를 바치기로 했다."

그녀는 시신을 내려다보았다. 시신의 입이 다시 벙긋거리기 시작했다.

"하지만 고작 시신기증으로 내가 특별해지길 바란다니, 너무 초라하고 형편없는 꿈이라는 생각이 들지 않나? 하지만 현실이라는 늪에서 아무리 발버둥 쳐봤자 평범함은 죽는 순간까지도 내 발목을 움켜쥐고 놓아주질 않았어."

시신의 차갑게 식어버린 눈길이 문득 그녀에게로 향했다.

"네가 원하고 꿈꾸는 삶을 살아라. 자신에게 특별한 삶을 살아라. 죽는 순간, 후회하는 일이 없도록."


※ ※ ※


그녀는 어릴 적부터 공부를 잘하는 모범생이었다.

'주혜미'라고 그녀의 이름 석 자를 말하면, '공부 잘하는 애'라고 떠올릴 정도로 동네에서는 유명한 아이였다.

혜미는 다른 건 몰라도 공부에서만큼은 누구에게도 지고 싶지 않았다. 그녀는 책가방에 교과서와 사전과 참고서 따위를 가득 담아 짊어지고 학교와 학원과 독서실을 오가며 종일 공부했다. 남보다 빨리 공부하고, 남보다 많이 공부하고, 남보다 깊이 공부하는 것. 그렇게 하는 것이 자신에게 오롯이 주어진 인생의 정답이라고, 혜미는 철저하게 믿어 의심치 않았다.

"혜미 실력 정도면 서울에 있는 법대, 의대, 약대 어디나 충분히 가능해요."

선생님은 마음만 먹으면 어느 곳이든 무난하게 합격할 수 있는 실력을 가진 모범생 제자를 둔 것이 뿌듯하다는 표정으로 마주 앉은 그녀를 바라봤다. 진로상담실의 열여덟 살의 혜미와 혜미의 엄마 그리고 담임선생님. 그날은 고3 진로상담이 있는 날이었다.

머뭇거리는 혜미에게 선생님이 인자한 표정을 연기하며 상냥하게 물었다.

"혜미야, 어디 가고 싶어?"

"네? 저는….."

선생님은 어울리지도 않는 비싸고 고상한 드레스를 입은 것처럼 다정한 목소리를 억지로 흉내 내면서, 질문에 대한 혜미의 대답을 듣기도 전에 다시 말했다.

"선생님이 보기에 혜미는 의대 가면 잘할 것 같아. 혜미 생각은 어때?"

혜미는 평소 듣지 못했던 선생님의 다정한 말투가 무척 어색하고 불편했다. 학교에서 그 선생님은 수업시간이면 멀쩡한 칠판을 플라스틱 자로 세차게 두드리며 날카롭고 높은 목소리로 소리를 질러 아이들의 고막을 긁어놓기로 유명했다.

"의대요?"

"우리 혜미는 하얀 의사가운 입고 청진기 끼면 너무 잘 어울릴 것 같은데."

선생님은 혜미가 의대를 가면 잘해낼 것 같아서, 공부 잘하는 혜미가 앞으로도 올바른 길로 가길 원해서 그 이야기를 하는 것이 아니었다. 선생님은 그저 자신의 제자가 '의사'가 되길, 자신이 의사를 키운 훌륭한 스승이 되길 원했던 것이었다. 혜미는 무릎에 올린 두 손을 꼭 쥐고 고개를 살짝 숙였다. 혜미의 두꺼운 안경이 콧등을 타고 스멀스멀 흘러내렸지만, 혜미는 그것을 굳이 고쳐 쓸 생각조차 하지 않았다.

선생님도, 엄마도, 아빠도 그녀가 의대로 가기를 원했다. 혜미는 고민했다. '나는 어디로 가고 싶은 걸까. 나는 뭐가 되고 싶은 걸까.' 어른들은 혜미가 의대로 가길 바랐지만, 정작 혜미는 자신이 무엇이 되기를 원하는 건지 도무지 알 수 없었다.

법대, 의대, 약대. 그중에서 한 가지를 원하는 대로 고를 수 있다는 것만으로도 친구들은 혜미를 부러워했다.

"혜미야, 너는 대학 걱정 없어서 좋겠다."

한겨울의 늦은 밤, 집으로 향하는 버스 안 맨 뒷자리에서 혜미와 나란히 앉은 유리는 혜미에게 한숨 섞인 말을 건넸다.

'꼭 그런 것도 아니야. 너는 내가 무얼 고민하는지 몰라서 그래.'

혜미는 입속에서만 맴도는 그 말을 차마 내뱉지 못하고 꿀 꺽, 삼켰다. 말해봤자 듣는 이에게는 배부른 자의 고민의 탈을 쓴 자랑일 터였다.

"너는… 어디 가고 싶어?"

혜미는 조심스레 물었다. 초등학교 때부터 가장 친하게 지낸 친구였지만 혜미는 그 친구가 한 번도 자기처럼 공부에 매진하는 것을 본 적이 없었다.

"난 아무 데도 못 가."

그것은 사실 혜미도 짐작한 유리의 대답이었다. 하지만 그녀는 친구에게서 예상했던 답을 들었음에도 전혀 만족스 럽지 않았다. 그것은 어려운 수학문제에 끈질기게 매달리다 마침내 얻어낸 정답 같은 성취감이 아니었다.

"난 그냥 내가 하고 싶은 것 하면서 살래."

유리는 습관처럼 말하곤 했다. "난 그림 그릴 거야. 돈을 잘 못 벌어도, 남들이 알아주지 않아도 나는 내가 하고 싶은 것 하면서 살고 싶어. 내가 행복할 수 있는 것. 내가 스스로 원하는, 그런 삶."

**7. 블루블랙**

유리는 고등학교에서 서클활동으로 소묘를 배우고 있었다. 어릴 적부터 그림을 좋아하고 음악을 즐겼던 유리는 애초부터 공부와는 거리가 먼 친구였다. 학교에서도, 학원에서도 유리보다는 혜미가 훨씬 더 특별하고 귀한 학생이었다. 혜미는 유리 같은 애와는 달리 공부를 잘하니까, 명문대를 갈 아이니까, 그리하여 우리 학교와 학원을 더 으리으리하게 빛내줄 학생이니까. 성적이 하위권인 하찮은 애랑은 감히 비교할 수도 없을 정도로 똑똑한 모범생이니까.

"내가 떡볶이 해줄게, 먹고 가."

아파트 단지 앞에 도착한 혜미는 유리의 손목을 잡으며 말했다. 유리의 기운 빠진 눈빛이 다시 반짝였다.

"아, 정말 내가 너 때문에 다이어트를 못 한다니까."

유리의 입은 투정 섞인 말을 뱉어내면서도 마치 그 말을 기다렸다는 듯 얼굴에 한가득 기대 섞인 웃음을 머금고 있었다.

오직 공부만이 살길이라 믿어 의심치 않고 그것에만 매달렸던 시절, 혜미가 유일하게 좋아했던 것은 바로 '요리'였다. 결코 잘하는 수준이라고는 할 수 없었지만, 그녀는 요리하면서 달그락거리는 냄비 소리, 칼이 도마 위에서 타닥타닥 규칙적으로 탭댄스를 추는 경쾌한 소리, 금방이라도 숟가락을 들고 달려들고 싶게 만드는 고소하고 매콤하고 달콤한 냄새가 좋았다. 그중에서도 혜미가 가장 사랑하는 건, 그 요리를 먹는 사람의 행복한 표정이었다.

'전 요리가 좋아요. 요리사가 되고 싶어요.'

하지만 그녀는 자신의 마음속을 간질이는 달콤한 그 말을 그 누구에게도 하지 못했다. 아니, 할 수가 없었다. 그 좋은 머리로 고작 요리사 나부랭이나 하겠다고? 도대체 네가 지금 제정신이야? 그들에게 돌아올 대답은 보나 마나 뻔했다. 혜미는 그들이 원하는 대로 의대에 원서를 넣었다. 그들이 원하는 대로 수능시험을 훌륭하게 보았고 그들이 원하는 대로 의대에 무난하게 합격했다.

해부 실습실 밖 복도 의자에 혜미는 덩그러니 누워 있었다.
"혜미야, 정신이 들어? 괜찮아?"
동기 민영이었다. 그녀는 혜미 옆에 오도카니 앉아 혜미의 얼굴을 성가시다는 표정을 한 채 살피고 있었다.
"여기가 어디야?"
"어디긴, 학교지. 교수님이 너 정신 들면 데리고 오래. 밥 사주신다고."
"밥?"

**7. 블루블랙**

민영은 혜미의 힘없이 축 늘어진 팔목을 잡아당겨 그녀를 일으켰다. 혜미를 두 팔을 당기는 민영의 손아귀에서 짜증이 잔뜩 묻어났다.

'그 말을 해야 할까. 시체가 나한테 말을 했다고.'

하지만 민영의 냉랭한 표정에서 그 친구 또한 자기 말을 쉽사리 믿어주지 않을 거라는 것을 혜미는 알 수 있었다. 민영은 자기도 배고픈데 네가 깰 때까지 기다려야 했다고 말하며, 의자에서 겨우 일어난 혜미를 원망스럽게 쳐다보았다. 의대에서는 졸업하기 전까지 동기들은 모두 라이벌 아닌 라이벌이 될 수밖에 없었다.

"가자. 교수님이, 곱창전골 사주신대."

곱창전골? 혜미는 민영의 말을 듣자마자 다시 그 자리에 주저앉아 끝내 울음을 터뜨렸다.


해부 실습은 그 후로 몇 차례나 진행되었다.

동기들은 그 끔찍하고 징그럽기 그지없는 수업에 점차 적응했고, 실습 후 교수님이 사주시는 내장탕과 곱창전골 따위를 아무 일도 없던 것처럼 맛있게 먹어치웠다. 그중에서도 동기들 몇몇은 처음과 다름없이 수업 후 화장실로 도망치듯 뛰어가 변기통을 부여잡고 토하거나 울음을 터뜨렸고, 기절을 해버렸다.

혜미는 말하자면, 후자였다. 해부 실습의 시체가 자꾸 말을 걸었던 것이다. 그들은 혜미에게 말했다. 원하는 삶을 살라는 시체도 있었고, 당장 그만두고 도망치라는 시체도 있었고, 더 이상 아프게 찌르지 말라고 섬뜩하게 울부짖는 시체도 있었다. 혜미에게는 도무지 적응할 수 없는, 누구도 믿어주지 않는 온전히 혼자만의 외로운 공포였다.

신입생 환영회 때만 해도 비슷비슷해 보이던 의대 동기들은 점차 두 가지 종류로 갈렸다. 한 종류는 두꺼운 안경을 끼고 종일 의학서적을 들여다보며 밤새워 공부하는 여전한 모범생이었고, 또 다른 종류는 머리를 물들이고 화장을 진하게 하고 밤마다 나방 떼처럼 클럽에 몰려다니는, 그전까지는 감히 꿈꿔보지도 못했던, 아니 꿈만 꿔왔었던 날라리가 되었다.

어차피 둘 중 하나였다. 버티거나, 그만두거나.

혜미는 몇 번의 해부 실습 이후 까만 머리를 햇살이 비치면 거의 투명하게 보일 정도로 환하게 탈색했다. 선배들과 교수의 날카로운 꾸중이 그녀의 샛노란 뒤통수에 내리꽂혔다.

"의대 다니는 학생 머리가 그게 뭐니. 네가 환자면 너 같은 날라리 의사한테 치료받고 싶겠어? 당장 머리 다시 바꿔라."

혜미는 1학년 마지막 기말고사를 마친 후 의대에 자퇴서를 냈다. 의대를 무사히 졸업해 인턴 과정을 거쳐 수술하지 않고 피를 보지 않는 재활의학과나 정신과 같은 의과 레지던트 과정을 선택해 의사가 된다고 해도 그곳에 도달하기까지 그 기나긴 과정이 그녀에게는 죽을 만큼 힘들고 괴로웠다.

세상에는 공부를 못하고 머리가 둔해서 도무지 선택할 미래가 없는 사람만 있는 것이 아니었다. 공부를 너무 잘하고 명석한 두뇌를 가진 탓에 오로지 '사'자 직업을 본인의 의사와는 상관없이 주위의 강요로 선택당하는 사람도 있었다. 바로 그녀, 혜미였다.

그녀가 의대를 자퇴하고 요리학교에 입학하자, 그전까지 그녀를 똑똑하다고 칭찬해 마지않았던 가족들과 주위 사람들의 질타가 쏟아졌다.

"다른 데도 아니고 의대를 자퇴해? 그래놓고는 뭐, 요리 따위나 배우겠다고? 공부를 너무 열심히 해서 약간 미친 것 아니야?"

※ ※ ※

요리학교에서 첫 주 수업을 받고 처음 맞은 주말이었다.

벚꽃이 피기에는 아직 이른, 겨울이라고 해도 무난한 찬 바람이 부는 저녁, 혜미는 혼자 대학로로 향했다.

그곳에는 길 곳곳마다 길거리 공연이 펼쳐지고 있었다. 그들은 거리에서 노래를 부르고, 드럼과 기타를 치고, 춤을 추며 그들에게 다가온 인생의 젊고 푸른 봄날을 온전히 즐기고 있었다.

그 길 한 모퉁이에서, 혜미는 유리를 만났다.

머리를 주황색으로 물들인 유리는 그림을 그리고 있었다. 유리가 걸치고 있는 낡은 청재킷이 보였다. 혜미도 잘 아는 옷이었다. 유리는 그 옷이 너무 좋아서 도저히 버리질 못하겠다고 했었다. 한낱 사물에도 애정을 주고 마음을 나눌 줄 아는 친구였다.

유리 앞에 마주 앉아 있는 젊은 커플은 행복하고 평온하게 미소를 짓고 있었다. 길 곳곳에 인디밴드 공연의 멜로디가 울리고 있었다. 거리의 음악은 아침의 시리얼처럼 경쾌했고, 점심의 커피 한 잔처럼 그윽했고, 한밤중에 먹는 라면처럼 강렬하게 온몸 곳곳을 쿵쿵 두드렸다.

유리가 오른쪽으로 고개를 돌리다 문득, 두 사람의 시선이 마주쳤다. 유리는 혜미를 향해 왼손을 흔들면서 웃었다. 놀랍도록 자연스러운 몸짓이었다. 마치 혜미가 와서 자신을 지켜보고 있었다는 것을 진즉에 알고 있었다는 듯. 꽤 오랜

만의 만남이었다.

그림을 다 그리고 손님이 떠난 후, 길가 모퉁이에 앉은 유리는 자신의 곁에 자리 잡은 혜미에게 말했다.

"길거리 화가를 해서 무슨 돈을 벌겠어. 근데 말이야. 지금 우리 이렇게 인생에서 가장 젊은 시기에 내가 하고 싶은 걸 맘껏 하지 못하고 지나쳐버리면, 평생 두고두고 후회할 것 같았어."

유리는 혜미의 손을 꼭 잡았다. 유리의 손을 잡은 혜미의 손이 온통 반창고로 도배되어 있었다. 요리하다가 칼에 베이고 뜨거운 프라이팬에 데어 다친 상처였다. 유리는 혜미의 그 상처가 의대 실습을 하다 다친 거라고만 생각했다.

"의대 공부 힘들지?"

"나, 의대를 자퇴했어. 지금 요리학교에 다니고 있어."

"진짜?"

"나… 미친년이지?"

혜미의 눈시울이 붉어졌다. 의료용 메스를 들어야 할 손으로 식칼을 들고 있었다. 사람의 피부를 가르는 대신 도미와 쇠고기 따위의 살을 가르고 있었다. 환자의 뜨거운 상처를 들여다봐야 할 눈으로 활활 타오르는 가스 불을 들여다보고 있었다.

혜미는 결국, 길바닥에 그대로 주저앉은 채 엉엉 소리를 내며 울음을 터뜨렸다. 그런 혜미의 가녀린 어깨를, 유리가 토닥이며 조용히 속삭였다.

"이제부턴, 네가 하고 싶은 것 맘껏 해. 너무 잘했어."

해야 할 것이 아닌 하고 싶은 것을 선택한 그녀에게 잘했다고 칭찬을 해준 건, 유리가 처음이었다.

유리도 알고 있었다. 혜미가 공부를 좋아해서 그것을 그토록 열심히 한 것이 아니었다는 걸. 혜미가 요리하면서 그것을 먹는 사람의 표정을 바라보던 눈빛, 자신이 그림을 그리며 짓는 표정과 닮은 요리하는 혜미의 행복한 표정을 기억하고 있었다.


사람들은 말했다.

"꿈? 좋다 이거야. 그런데 사람은 살아가려면 밥이 더 중요해. 꿈이 밥 먹여주니?"

혜미는 생각했다.

'꿈이 밥을 대신 할 수 있을까. 꿈으로 밥을 지어 먹을 수 있을까. 꿈은 밥이 될 수 있을까.'


남자가 벽에 걸린 전자시계를 보았다. 두 시 삼십 분이었다.

혜미의 머리 전체에 염색약이 골고루 발라져 있었다. 남자는 그녀의 머리 위로 스팀기 스위치를 탁, 켰다.

"세 시에 머리 감겨드릴게요."

"네."

"커피 한 잔 하시겠어요? 아메리카노, 라테, 카푸치노 중에서."

"저는… 라테요."

"여기 손님, 라테 한 잔 내드려."

남자가 카운터에 앉아 있는 또 다른 남자미용사를 불렀다. 카운터에서 몸을 일으킨 그는 은색 링 귀고리를 하고 약간 긴 길이의 초록색 머리였다.

혜미의 머리를 물들여준 그 남자는 그녀의 건너편에 앉은 긴 생머리 손님에게로 걸어갔다. 잠시 후, 초록색 머리 남자미용사가 라테를 담은 하얀 머그잔을 조심스레 받쳐 들고 그녀에게 다가왔다.

'내가 왜 지금 여기서 저 사람한테 이 이야기를 한 거지.'

혜미는 라테를 마시며 새삼 얼굴이 화끈해지는 것을 느꼈다. 라테는 부드럽고 따뜻했다. 미용실의 시간이 라테처럼 부드럽고 따뜻하게 흐르고 있었다.

혜미가 중학교에 다니던 시절, 방학만 되면 그전까지 조용히 학교에 다니던 친구들의 평범하기만 하던 검은 머리가 노랑, 파랑, 빨강으로 요란스럽게 바뀌었다.

"너는 염색 안 해? 방학이잖아."

"혜미는 염색 같은 것 안 해. 공부해야 하니까."

"우리, 오락실 가서 DDR 하자."

"너, 다마고치 울린다."

"맞다! 우리 콩이 밥 줄 시간이네!"

"어제 뮤직스테이지 봤어? 펀치 오빠들!"

"당연히 봤지, 나는 거기서 준이가 젤 좋아. 너는?"

"나는….."

혜미가 친구들과 나누던 이야기는 어느 순간부터인가 혜미가 모르는 길로 새어버렸다. 혜미는 학교와 학원을 오가며 공부하느라 또래 친구들과 오락실을 가서 DDR 위에서 뛰어본 적도, 게임기 속 애완 캐릭터에게 애정을 쏟아본 적도, 방학 때 친구네 집에 모여 염색약으로 머리를 물들여본 적도 없었던 것이었다.

혜미도 그들처럼 DDR 위에서 신나게 뛰어보고 싶었고,

다마고치를 교복 주머니에 넣어 다니며 캐릭터를 키우고 싶었고, 방학이면 친구네 집에 다 같이 모여 머리도 물들이고 싶었고, 아이돌 그룹에 열광하며 그들의 공연을 보러 쫓아다니고도 싶었다.

그중 혜미가 가장 하고 싶었던 것은, 그 시절 유행하던 컬러인 블루블랙 색상으로 머리를 염색하는 것이었다.

햇살이 비치면 발랄한 파란색이었다가, 건물 안으로 들어오면 얌전한 검은색으로 변하는 블루블랙. 마치 학교 안과 밖에서의 우리 모습의 경계에 대해 말해주는 것 같았던 블루블랙. 친구들의 머리를 온통 물들였던 블루블랙. 어쩌면 얼마 전까지는 우리와 같은 모습으로 살았을, 끔찍한 해부실습용 시신에서는 찾을 수 없었던 블루블랙. 삶과 죽음 그리고 판타지와 현실. 그 오묘한 파랑과 검정의 혼돈.

하지만 친구들은 물어보나 마나 혜미는 염색하지 않을 거라고 으레 짐작해버렸다. 혜미는 공부해야 하니까, 염색 따위는 하지 않을 거야. 공부를 검은 머리카락으로 하는 것도 아닌데. 하지만 혜미는 친구들에게서 그렇게 철저히 배제되었다. 오락실도 안 가고, 다마고치도 안 키우고, 아이돌에도 관심 없고, 공부만 하는, 방학 때도 머리가 까만 아이 혜미.

$$\ast \ast \ast$$

오후 세 시.

혜미의 단발머리가 블루블랙으로 물들었다.

혜미는 벗었던 검은 뿔테 안경을 다시 쓰고 거울에 또렷하게 비친 자신의 낯선 모습을 멍하니 바라보다, 수줍게 웃었다. 미용실 밝은 조명 아래에서 그녀의 머리칼이 선명한 파란 빛으로 비쳤다.

남자가 손에 끼고 있던 하얀 고무장갑을 벗으며 그녀에게 물었다.

"어떠세요? 맘에 드세요?"

"어때 보여요?"

"정말 예쁘신데요. 손님 맘에도 드시죠?"

혜미는 수줍게 두 볼을 붉히며 고개를 끄덕였다. 남자가 미소 지었다.

"오늘, 남자친구가 보시면 너무 예뻐져서 깜짝 놀라겠는데요?"

"남자친구 없어요. 오늘은 저 혼자 놀 거예요."

혜미가 두 손으로 입을 가리고 작게 소리 내어 기분 좋게 웃었다.

혜미가 오랫동안 팬이었지만 노래를 듣기만 하고 한 번도 직접 보지 못했던 그들의 콘서트는 오늘 저녁에 있었다. 무려 10주년 기념 콘서트였다. 데뷔 당시 혜미 또래의 소년이 었던 그들은 이제 완전히 어른티가 나는 20대 중반의 청년이 되어 있었다.

"손님, 앞으로 행복한 날이 많을 거예요."

"감사합니다."

혜미와 남자는 거울 속에서 따스하게 미소 짓고 있었다.

혜미는 카운터에서 가격을 치르고 미용실을 나섰다.

오늘은 요리학교 수업이 없는 날이었다. 혜미는 그동안 하고 싶었지만 하지 못했던 블루블랙 염색을 하고, 오락실의 DDR 게임기 위에서 신나게 뛰다가, 다마고치 하나를 사서 그 속의 캐릭터에게 깜찍한 이름을 지어주고, 저녁에는 아이돌 콘서트를 보러 갈 것이었다.

내일, 요리학교 수업에서 배울 메뉴는 닭고기 수프였다.

혜미는 이제 의사 가운 대신 앞치마를 입고, 수술용 메스 대신 조리용 칼을 손에 쥐고, 환자의 배 대신 생닭의 배를 가를 것이었다.

그녀는 스스로 원하고 꿈꾸는 삶을,

그리하여 특별한 삶을 살 것이었다.

죽는 순간, 후회하는 일이 없도록.

누구도 아닌 자신이 행복할 수 있도록.


미용실을 나서는 그녀의 머리가 햇살 아래 파란빛으로 눈부시게 반짝였다.

# 8

# 모자라거나 넘치거나

오늘 아침 일찍 일어나서 세수하려고 욕실에 들어가 세면대 앞에 서서 소매를 걷었는데, 어딘가에 오른쪽 손등이 긁혔는지 상처가 나고 붉게 부어올라 있었어.

손등 위의 상처에서는 피도 조금 배어 나온 것 같았는데, 시간이 지나 그것조차도 이미 말라붙어 있었고.

"어디서 이렇게 다쳤지?"

나는 멍하니 손등에 새겨진 붉은 상처를 들여다보며 누군가에게 묻기라도 하듯, 혼자 나지막이 읊조렸어.

그런데 아무리 시간을 되짚어 봐도 그 상처에 대한 기억이 없었어. 아프지도 않았고.

손등이 다친 줄도 몰랐는데, 그걸 알고 나니까 상처를 더 의식해서 그런 건지 씻으면서 물에 닿은 상처가 쓰라리더라. 씻고 나서 물이 닿았던 상처를 곧바로 깨끗한 수건으로 꾹 눌러 닦고, 거기에 후시딘 연고를 바르고 반창고를 붙였어.

어렸을 땐 상처가 생기더라도 금방금방 나았는데, 나이가 들수록 몸의 재생능력도 점점 떨어지나 봐. 이젠 어디 조금이라도 다치면 금방 낫질 않아. 내성이 생겨서 그런지 항생제도 잘 듣지 않고.

사실 지금도 그렇게 많이 먹은 나이는 아니라고 생각했는데.

맞아. 어렸을 때도 나는 아픈 걸 잘 참았었지.

동생은 다쳐서 그 자리에 조금만 피가 맺혀도 지레 겁을 집어먹고는 집이 떠나가게 엉엉 울어 젖혔는데, 나는 안 그랬어. 다치면 아픈가보다, 아프면 피가 나나 보다 하고 덤덤하게 상처를 들여다보곤 했어.

그래서 그런가 봐. 내가 붉은 피가 흠뻑 배어 나오는 섬뜩한 상처를 보고도 크게 놀라지 않는 튼튼한 간을 갖고 태어나서, 간호사라는 직업을 갖게 된 것도.

어릴 적부터 가지고 있던 꿈을 어른이 되어서 기필코 이루는 사람은 몇이나 될까.

그리고 그들은 그 이룬 꿈에 대해 얼마만큼의 만족과 행복을 느끼게 될까. 이루어진 그 꿈으로 인해 꿈을 이루기 전보다 오히려 더 불행해지는 건 아닐까.

나도 간호사가 어릴 적부터 품어왔던 꿈은 아니었어.

어른들이 아이들한테 "너 커서 뭐가 되고 싶니? 넌 장래

**8. 모자라거나 넘치거나**

희망이 무엇이냐?" 물어보면, 대부분의 아이들은 마치 자기 꿈을 이룬 것처럼 자랑하듯 말하곤 해. 그런데 소심하고 내성적인 아이들은 특별한 자기 꿈이 있음에도 솔직하게 말하지 못해. 그런 애들은 자기들의 진짜 꿈을 말하는 대신 어른들이 들으면 좋아할 만한 적당한 대답을 찾아 대충 내뱉어 버리곤 하지. 선생님, 경찰, 의사 이런 무난하고 훌륭하고 심심하기 짝이 없는 대답들.

어차피 어른들은 그 순간엔 그렇게 아이들의 꿈에 대해 물어봤다고 해도 금방 잊어버릴 게 빤하니까. 아이들은, 금방 잊힐 어른들의 물음에 대한 대답보다는 실제 자신이 마음속에 품고 있는 꿈이 훨씬 더 소중하니까.

그런데 그중에는, 자기가 갖고 싶은 꿈을 말하지도 못하고 어른들이 쉽사리 꿈을 묻지도 못하는 그런 아이들이 있어.

바로 내 친구 중에 그런 친구가 있었어.

항상 연필과 스케치북을 갖고 다니면서 시도 때도 없이 그 두 개를 쓱, 꺼내 종일 그림을 그리던 소년.

그림을 무척 잘 그리는 친구였어. 그런데, 이상하게도 그걸 많은 이들 앞에서 드러내고 싶어 하지 않아 했어. 만약 그런 재능이 내게 있었다면 난 그걸 한 사람에게라도 더 자랑하고 싶어 안달이 났을 텐데, 그 친구는 이상하게도 자기 가족과 내 앞에서만 그 근사한 실력을 슬쩍 꺼내 보여주곤 했던 거야. 덕분에 친구 중에는 유일하게 나 혼자만 그 멋진 광경을 볼 수 있었어.

얼마나 그림을 잘 그렸냐면, 그 친구한테 사진을 한 장 내미는 거야. 그리고 이렇게 말해. 이거랑 똑같이 그려줘. 그럼 그 친구는 정말 조금의 거짓말도 보태지 않고 5분 만에 그 사진을 종이에 그대로 옮긴 것처럼 똑같이 생긴 그림을 쓱싹쓱싹 그려서 내게 다시 내밀었어. 신기한 재주를 가진 친구였지.

그 시절에 나도 그 친구가 다른 친구들과는 조금 다르다고 느꼈었지만, 그저 다른 친구들보다 좀 더 특별한 친구일 뿐 크게 이상한 건 없다고 생각해버렸어.

그 시절에 장애를 가진 아이들은 사회와 학교에서 차별을 받았으니까, 그 친구의 엄마 아빠는 사람들이 궁금해하더라도 자기 자식에 대해 길게 설명하고 싶지 않았나 봐. 누군가가 굳이 집요하게 물어보면 그냥 우리 아들이 좀 아프다고, 그렇게 뭉뚱그려 말했을 뿐이었어. 그 친구의 엄마 아빠는 자기 아이가 상처받지 않고 그저 건강하게 살기만 바랐어.

어쩌면 그 친구는 태어났을 때부터, 다른 평범한 아이들보다 훨씬 특별한 능력을 가진 아이였을지도 모르는데.

그 친구는 말도 잘 안 하고 사람들과 눈도 잘 못 마주쳤는

**8. 모자라거나 넘치거나**

데, 안 그럴 때가 있었어. 바로, 자기가 다쳤을 때였어.

제 몸에 상처가 생겨서 붉게 부어오르거나 조금이라도 피가 비치면 자기 엄마도 누나도 아닌 동네 친구인 나한테 냅다 달려와서 다짜고짜 다친 곳을 내밀곤 했어. 우리 집 앞마당을 막 구르면서 아프다고, 살려달라고 악악 소리를 질러대고 난리를 치면서.

물론, 얌전히 치료받는 건 안 되었지.

그래서 난 그 친구와 꼬맹이 시절 때부터 가지고 놀던 알록달록한 병원놀이세트 장난감을 마루에 들고 와서 병원놀이를 하는 것처럼 펼쳐두고 연기하면서 상처에 진짜 연고와 진짜 반창고를 발라서 치료해줬어. 병원놀이세트를 자기 무릎께에 꺼내놓고 그것의 뚜껑을 열면 같이 노는 건 줄 알고 그 친구의 흥분이 그나마 좀 진정이 되었거든.

"이건 아이들이 가지고 노는 거잖아. 빨리 치료해줘! 아파!"

"지금 치료하고 있거든요? 아픈 사람은 좀 가만히 있으세요. 환자가 치료받으면서 자꾸 그렇게 움직이면 안 되는 거예요."

"빨리 약 발라주세요! 아파요."

그런데 그 친구는 왜 그렇게 자주 다쳤을까.

지금 생각해보면, 아주 어렸을 때부터 다른 또래 아이들로부터 괴롭힘을 당해왔었던 것 같아. 어렸을 땐 대부분 그러잖아. 자신과 비슷한 친구들하고만 어울리려고 하고, 자기보다 월등히 뛰어나거나 수준이 떨어지는 친구는 멀리하거나 혹은 괴롭히는.

그 친구는 내가 자기 상처를 치료해주면, 그때야 평소 모습 그대로 돌아와서는 바보처럼 착하게 실실 웃으면서 나에게 그림을 그려주겠다고 했어.

"그림을 그려준다고?"

"고마워."

내가 그 친구가 그림 그리는 걸 보기를 좋아한다는 것을 알고 있었으니까, 그 친구는 내가 좋아하는 걸 해주고 싶었던 것 같아. 내가 자신을 치료해준 것에 대한 보답으로.

나는 책상 서랍 속 사진을 한 장 한 장 꺼내 그 친구에게 그걸 그려달라고 하고는, 그 친구가 그 사진과 똑같이 그림을 그리는 마법 같은 모습을 시간 가는 줄도 모르고 곁에서 한참 구경했어. 그러다 그것마저도 지루해지면 항상 연필과 스케치북을 가지고 다니던 그 친구와 함께 대문을 나섰어. 그 친구를 바보라고 놀려대고 괴롭히던 친구들이 대문 밖에서 기다릴까 봐 두렵지 않았냐고? 아까 말했듯 나는 어릴 적부터 간이 튼튼했으니까, 그런 것 따윈 전혀 무서워하지 않아.

그 시절 내가 살았던 동네는 딱히 볼 만한 것도 놀 거리도 없는, 그저 평범한 동네였어. 주택들이 다닥다닥 모여 있는 골목에는 아이들이 우르르 몰려나와서 고무줄놀이와 공기와 축구를 하고 있고, 골목을 나서면 음악학원과 세탁소와 슈퍼와 과일가게 따위가 큰길을 따라 줄지어 늘어서 있는, 그런 동네.

도대체 그런 데서 무슨 그림을 그린다는 건지. 나도 처음에는 의아했었는데, 아마 그 친구가 골목 모퉁이 돌계단에 앉아 그림 그리는 걸 한 번이라도 봤다면 너도 저절로 고개를 끄덕일 수밖에 없었을 거야.

골목에서는 아이들이 삼삼오오 어울려 고무줄놀이와 공기와 축구를 하고, 골목을 나서면 음악학원과 세탁소와 슈퍼와 과일가게 따위가 큰길을 따라 늘어서 있고, 이따금 자동차와 오토바이와 자전거가 지나다니는 그림.

그 친구의 그림은, 풍경 그 자체였어.

사진보다 더 선명한, 진짜 풍경보다 더 생생한 숨이 느껴지는 그림.


그 친구의 그림 속에서 아이들 사이로 고무줄이 튕기고, 공깃돌이 공중으로 튀어 올랐다가 길바닥으로 우수수 떨어져 내렸고, 축구공이 뻥뻥 날아다녔어. 음악학원 안에선 바이엘과 체르니 따위의 피아노 연주 소리가 뒤죽박죽 엉켜 흘러나왔고, 과일가게 가판대의 붉은 사과 한 알이 또르르 길에 굴러떨어졌어. 집마다 엄마들이 청소와 빨래를 하고, 가게마다 꽃향기와 빵 냄새와 찌개 냄새가 나고, 아이들의 이름을 부르는 목소리가 흘러나왔어. 그 골목에는 이따금 자동차와 오토바이와 자전거가 느린 속도로 스쳐 지나갔어.

그리고 그 그림 속 풍경 사이로 눈부신 햇살이 축복처럼 소리 없이 쏟아졌어.

**자폐.**

스스로 자신을 닫는 병.

시간이 흐르고 자라면서 나는 그 친구가 그 병을 앓고 있다는 걸 알게 되었어.

그저 평범한 친구와는 좀 다른 친구일 뿐이라고 생각했었는데, 그 친구는 실제로 아팠던 거야.

마냥 어리기만 했던 아이들은 대개 열두 살, 열세 살쯤 되면 변화가 찾아와. 몸도, 마음도.

나도 그즈음 변화가 오기 시작했어. 일요일 아침이면 졸린 눈을 부릅뜨고 챙겨보던 TV 디즈니만화도 안 보고 늦게

**8. 모자라거나 넘치거나**

까지 이불 속에서 뭉그적거리고, 밋밋하기만 했던 몸에 굴곡
이 생기고, 서슴없이 학교에서 어울려 놀던 남자애들과도 차
츰 거리를 두게 되고.

그런데 그 친구만은 예외였어.

그 친구도 그 또래 여느 사내아이들처럼 목소리가 조금씩
굵어지고, 코밑에 거뭇거뭇한 수염이 자라나고, 키가 불쑥
크긴 했지만, 아픈 걸 못 참는 꼬맹이 같은 성격만은 여전했
어. 마치 그 친구의 커버린 몸 안에 영원한 꼬마가 사는 것처
럼. 그 친구도 나와 같은 열두 살, 열세 살이었을 텐데.

나는 초등학교를 졸업한 후 그 동네와 멀리 떨어진 동네
에 있는 사립중학교에 입학했어.

당장 이사 갈 형편은 안 되었지만, 순전히 자식들을 좀 더
좋은 학군에서 공부시키고 싶어 했던 엄마 아빠의 바람이었
지. 덕분에 열네 살의 나는 매일 새파란 빛이 창문 틈새로 새
어 들어오는 새벽이면 전날 밤 미리 맞춰둔 자명종 시계 알
람 소리에 맞춰 비몽사몽 일어나 졸린 눈을 비비며 학교 갈
채비를 하고 말쑥한 교복 차림으로 일찍이 집을 나서서 버스
를 타야 했어.

내가 그 동네의 초등학교를 나오고 우리 동네에서 꽤 멀

리 떨어진 넓은 동네의 중학교에 들어섰을 때, 그 불편한 당황스러움과 뻣뻣한 이질감은 아마 당해보지 않은 사람은 절대 모를 거야.

태어나서 처음 보는 낯선 얼굴의 친구들. 친구들과 이어지는 이야기 속에서도 서슴없이 어디선가 튀어나오는, 그 친구들은 다 아는데 나 혼자만 모르는 이야기들. 그들이 나왔던 초등학교 앞 분식점의 특별한 메뉴나 3학년 가을운동회 때나 4학년 때 호주로 이민 갔다는 친구 혹은 6학년 수학여행 때 있었던 일 같은 것들 말이야. 똑같은 교실에서 똑같은 교복을 입고 똑같은 선생님에게서 똑같은 수업을 듣고 있는데 나 혼자만 진공포장 봉투에 담겨 있는 기분. 보이기도 들리기도 하지만 왠지 그들과 나 사이에 절대 뚫을 수 없는 차갑고 투명한 막이 꽉 가로막혀 있는 느낌.

우리가 서로 다른 중학교에 들어가고 난 후에도 그 친구는 다른 친구들한테 종종 괴롭힘을 당했어. 그럴 때면 그 친구는 내게 달려와 자기 상처를 고스란히 보여줬어.

그럼 나는 어린 시절처럼 병원놀이세트를 꺼내놓고는 그 친구의 흥분을 진정시키며 붉은 상처에 연고와 반창고를 발라주었고.

**8. 모자라거나 넘치거나**

※ ※ ※

비 오는 어느 여름날 오후였어.

여느 때처럼 그 친구가 내게 찾아왔어. 아프다고, 다쳤다고.

손, 팔뚝, 종아리, 목 언저리, 눈두덩이, 입술… 몸 구석구석 긁히고 피나는 상처에 연신 아프다고 낑낑거리는 그 친구를 달래면서 나는 병원놀이세트를 그 친구 무릎께에 가져다 놓고 상처에 연고를 발라주고 반창고를 붙여줬어.

"도대체 누가 자꾸 널 이렇게 괴롭히는 거야?"

내가 그 친구의 상처에 반창고를 붙이며, 괜히 심통이 나서 물었어. 누가 널 이렇게 자꾸 다치게 하는 거냐고.

"같이 그림 공부하는 친구들."

"그게 누군데?"

"재준이, 정훈이, 진석이, 규호, 태우, 국이."

"걔들이 왜 널 괴롭혀?"

"몰라. 미술 수업이 끝나면 만날 옥상으로 올라오라고 해. 그리고 때려, 이렇게."

그 친구는 내게 그렇게 말한 후 제법 단단해진 제 주먹으로 얼굴이며 팔, 다리 따위를 사정없이 퍽, 퍽 때렸어. 내 눈앞에서, 옥상으로 힘없이 질질 끌려 올라가 다른 애들 앞에서 잔뜩 웅크린 채 두들겨 맞는 그 친구의 가여운 모습이 겹쳐지는 것 같았어.

그 친구의 금방 끝날 줄 알았던 자신을 향한 무자비한 폭력이 내 예상과는 달리 끝나지 않고 되레 점점 거칠어지자, 나는 그 친구의 행동을 막으려고 양손으로 그 친구의 두 손목을 강하게 붙들었어. 하지만 그것만으로 그 친구의 힘을 제압하는 건 여간 힘든 일이 아니었어. 나는 결국, 두 팔로 그 친구를 꽉 안아버렸어.

"앞으로 이렇게 당하면, 어른들한테 똑바로 말해! 그 친구들이 날 괴롭힌다고. 괴롭히고 때려서 내가 다쳤다고, 아프다고!"

"재준이, 정훈이, 진석이, 규호, 태우, 국이!"

"그래, 그 나쁜 애들. 재준이, 정훈이, 진석이… 또 누구더라, 아무튼 걔네들! 선생님께 그 새끼들 이름 말해! 알았어?"

그 친구는 흥분을 좀처럼 가라앉히지 못하고 악을 쓰며 소리를 질러댔고 내가 자기를 더 세게 힘주어 안고 있자 그때야 비로소 내 품 안에서 씩씩, 거칠게 숨만 내쉬고 있었어.

창밖으로는 여전히 비가 오고 있었어. 그 빗물이 붉은 상처에 스며든 것처럼, 나는 마음이 너무 쓰라리고 아팠어.

**8. 모자라거나 넘치거나**

※ ※ ※

시간이 흐르면서 그 친구의 재능은, 홍수에 산이 와르르 무너지듯 터져 나왔고 그 친구 가족들과 나만 알고 있던 그 친구의 그림 실력은 그 학교와 동네, 시내로 점점 더 널리 알려지기 시작했어. 줄기가 약해 마른 줄로만 알았던 물이 어느 날 갑자기 산속 어딘가에서 콸콸 터져 나와 흘러넘치고, 그 흘러넘쳐 나온 물이 큰 물줄기가 되어 곧 온 도시를 죄다 물바다로 만들어버리는 것처럼.

그 친구는 그사이에 실력이 부쩍 늘었어.

아니 어쩌면, 실력이 늘었다는 말은 그 친구에게는 맞지 않는 건지도 몰라. 그 실력은 이미 그 친구가 태어나면서부터 갖고 있던, 온전히 그 친구만의 재능이었을 테니까.

그 친구 안에서 조용히 커지고 있었던 재능이 그저 어느 순간, 그 친구의 몸 밖으로 폭포처럼 쏟아져 나와 고스란히 드러난 그 재능을 사람들이 비로소 알아보기 시작한 거지.

그 친구와 미술 수업을 함께 받던 아이들은 매번 어른들의 칭찬과 관심을 독차지하는 그 친구가 분명 얄미웠을 거야. 그래서 손을 봐주고 싶었던 거겠지. 그래야 자기 자존심에 생긴 상처에 최소한 알코올 소독이라도 하는 거였을 테니까. 그래야만 저들이 무시하고 깔보는 '모자란 녀석'에게 느끼는 굴욕적인 열등감을 조금이나마 보상받는 기분이 들 테니까.

시간이 흐르면서 우리는 점점 멀어졌어.

의식적으로 서로를 멀리하려고 한 건 아니었는데 그저 시간이 흐르는 속도 딱 그만큼, 키와 몸이 커지는 만큼, 내가 다니던 중학교와 우리가 살던 동네의 거리만큼.

어릴 적에 갖고 놀던 종이인형이나 딱지 따위의 장난감, 즐겨보던 TV 만화와 작별한 게 언제인지 넌 기억나?

엄마가 죄다 버리고 치워서 울며불며 억지로 떼어내듯 헤어지는 그런 작별 말고, 나도 모르게 그런 것들에 흥미가 떨어져 스스로 자연스럽게 헤어지는 그런 작별의 순간들이 오잖아. 무슨 일이 있어도 시간 맞춰 꼭꼭 챙겨보던 알록달록한 TV 만화가 유치하게 느껴지고, 상자 속에 보관하고 꺼내어 갖고 놀 때도 행여나 찢어질세라 애지중지 다루던 종이인형들이 하찮은 종잇조각처럼 보이고, 오랜 시간 정성 들여 만든 딱지 더미를 쓰레기통에 버리고는 미련 없이 가볍게 돌아서던 그때.

      **8. 모자라거나 넘치거나**

나에게도 그런 시기가 찾아와 어린 시절의 모든 장난감을 정리하면서도, 그것만은 쉽사리 버리지 못했어. 그 친구의 상처를 치료해주면서 그 친구 무릎께에 꺼내놓곤 하던, 병원 놀이세트.

※ ※ ※

그 일이 있고 나서 아마 한참이 지나서였을 거야.

어느 가을날의 늦은 밤이었어. 그날, 외할아버지가 몹시 아프셔서 온 가족들이 춘천 외갓집으로 가고 나 혼자 집에 남아서 공부를 하고 있었어. 그때가 중3 마지막 중간고사를 하루 앞둔 날이어서 공부를 해야 했었거든.

그 시절의 나는 정말 뜨뜻미지근하고 주제 없는 아이라, 그때까지도 갈팡질팡하며 내 진로를 잡지 못하고 있었어. 성적도 안심할 수 있을 만큼 좋은 편이 아니었고.

열 시 즈음이었을까.

그 늦은 시간, 누군가가 갑자기 초인종을 누르는 것도 아닌 대문이 부서지라 두드리는 거야. 쿵쿵 쿵쿵쿵 쿵쿵 쿵쿵쿵! 그 소리를 듣고 멀리서 개가 컹컹 사납게 짖어댔고, 이윽고 개의 목소리를 닮은 남자의 사나운 고함이 어둠을 갈기갈기 찢고 내 뒤통수를 냅다 휘갈겼어. 이 밤중에 그렇게 초인종도 아닌 남의 집 대문을 두드려대는 경우 없는 인간은 누군지, 왜 이렇게 나를 곤란한 지경에 빠뜨리는 건지. 나는 대문 밖의 누군가를 향해 욕이나 한 바가지 퍼부어 주리라 마음먹고는 마당으로 뛰어나가 대문을 거세게 철컹, 열었어.

대문 밖에, 그 친구가 서 있었어.

어디서 그렇게 다친 걸까. 팔은 비틀어지고 다리는 절뚝거리고 있었고, 뽀얗던 얼굴은 눈, 코, 입이 어딘지 알아보기 힘들 정도로 시퍼런 멍이 들어 통통 부어올랐고 옷 군데군데 온통 시뻘건 핏물이 번져 있었는데…. 그 친구는 분명 나를 보며 웃고 있었어. 늘 그랬던 것처럼 내게 보여주던 착한 바보 같은 그 미소. 눈, 코, 입이 상처 때문에 제대로 보이지 않는데도, 그게 보였어. 그 친구가 오직 나에게만 보여주는 순박한 그 표정. 너무 놀란 나는 소리를 내지르기는커녕 순간 눈에서 눈물을 왈칵 쏟아내 버렸고, 나는 문 앞에서 쓰러지려는 그 친구의 허리를 안고 부축해서 집으로 데려갔어.

"어디서 이렇게 다쳤어?"

"재준이, 정훈이, 진석이, 규호, 태우, 국이!"

"또… 맞았어?"

"해줘. 치료."

**8. 모자라거나 넘치거나**

"이건 내가 못해. 너 지금… 너무 많이 다쳤어."

"아냐. 네가 해줘. 청진기, 주사기, 약, 반창고."

"안 돼…. 119 부를게. 팔다리가 부러진 것 같아."

"네가 해주면 좋은데."

나는 거실 소파에 엉거주춤 기대 누워 나를 보며 실실 웃고 있는 바보 같은 그 녀석을 보는 게 너무 견딜 수 없이 슬퍼서, 쉴 새 없이 흐르는 눈물을 손등으로 연신 닦아내며 수화기를 들어 바들바들 떨리는 손끝으로 전화기의 버튼을 세 번 눌렀어.

"사람이 다쳤어요. 피가 많이 나고요… 뼈도 부러진 것 같아요. 아뇨, 제가 아니고 친구예요. 아저씨, 빨리 와주세요, 빨리요."

그 친구는 그렇게 아픈데, 나는 그 친구에게 해줄 수 있는 게 아무것도 없었어. 119에 전화해서 눈물이 흠뻑 젖은 목소리로 울먹이며 최대한 침착하게 상황을 설명하는 것밖에는.

"네가 해주면 좋은데."

"금방 119 올 거야. 조금만 참아."

"네가 해주면 좋은데…. 청진기, 주사기, 약, 반창고."

그 친구는 찢어진 상처 탓에 제대로 떠지지도 않는 눈꺼풀을 겨우 치켜뜨고 나를 보면서, 퉁퉁 부어오른 입술을 꿈틀거리며 계속 그렇게 말했어. 네가 해주면 좋은데. 네가 해주면 좋은데.

하지만 그 친구가 그렇게 많이 다친 상태에서 조금의 의료지식도 없었던 내가 평소처럼 병원놀이세트를 가져와서 치료해준답시고 그 친구의 무릎께에 병원놀이세트를 놓아둔 채 무턱대고 그 친구의 깊게 팬 상처를 건드리는 건, 그 친구를 더 아프게 하는 일일 것 같았어.

시간이 얼마나 흘렀을까. 다급하게 울리는 사이렌 소리가 집 앞까지 다가왔고, 그 친구는 119대원들의 부축을 받으며 구급차에 탔어. 아들 소식을 듣고 헐레벌떡 뛰쳐나온 그 친구 엄마와 함께 나도 구급차에 몸을 싣고 병원까지 그 친구를 따라갔어. 그 덕분에 나는 그 다음 날 시험을 시원하게 망쳐버렸고.

아마 그날이었을 거야. 내가 간호사가 되기로 결심했던 날.

아픈 사람이 바로 눈앞에 있는데 내가 그 사람에게 아무것도 해줄 수 없던 경험은, 몸의 아픈 상처만큼이나 마음의 슬픈 상처를 남겨.

그 친구가 그렇게 다쳐서 아파하는데도 나는 그 친구를 눈앞에 두고도 그 친구에게 아무것도 해줄 수가 없어 슬펐고, 그 슬픔이 남긴 상처는 내가 미래를 결정하는 더할 나위 없는 충분한 이유가 되어주었던 거야.

**8. 모자라거나 넘치거나**

간호대학교 3학년 때 병원으로 임상실습교육을 가기 전날, 우리는 나이팅게일 선서식을 했어.

나는 일생을 의롭게 살며 전문 간호직에 최선을 다할 것을 하느님과 여러분 앞에 선서합니다.
나는 인간의 생명에 해로운 일은 어떤 상황에서도 하지 않겠습니다.
나는 간호의 수준을 높이기 위하여 전력을 다하겠으며, 간호하면서 알게 된 개인이나 가족의 사정은 비밀로 하겠습니다.
나는 성심으로 보건의료인과 협조하겠으며 나의 간호를 받는 사람들의 안녕을 위하여 헌신하겠습니다.

새하얀 간호사복을 입고 종이컵을 끼운 촛불을 들고, 동기들과 그 선서를 하면서 나는 왜 그렇게 눈물을 흘렸을까.

그 선서식 때 찍은 사진을 보면 그 날의 동기들은 다들 벗

꽃처럼 눈부시게 예쁜데, 나 혼자만 울고 있어. 정성 들여 바른 눈가의 마스카라는 엉망으로 번져 있고.

✳ ✳ ✳

그 친구의 오른손에는 그날 밤 이후로 큰 흉터가 생겨버렸어. 손등 위의 그 흉터는 그 친구가 그림을 그릴 때마다, 밥을 먹을 때마다, 뭔가를 집으려 할 때마다 집요하게 그 친구를 따라다녔어.

"안 아파?" 하고 내가 물으면 그 친구는 순박한 표정으로 그냥 씩, 웃었어. "괜찮아, 난 괜찮아" 이렇게 말하면서, 그저 웃었어. 정작 그 친구를 보는 나는 조금도 괜찮지 않았는데. '괜찮지 않아, 난 안 괜찮아' 그 친구의 순한 두 눈을 바라보면서 나지막이 속삭였던 내 마음속 말들은, 그 친구에게 들리지 않았겠지. 아마도.

그 사고 이후로 그 친구를 괴롭히던 애들도 괴롭힘을 그만둔 것 같더라고. 단순히 그 친구를 겁주려고 했던 건데 너무 많이 다쳐버려 도리어 자기들이 덜컥 겁을 집어먹은 걸수도 있고, 아니면 또 다른 재밌는 장난감을 발견한 걸지도

253      8. 모자라거나 넘치거나

모르지.

그 친구는 그 후에 다행히도 그 친구의 뛰어난 재능을 알아본 좋은 선생님과 인연이 닿아 그분의 강력한 지지를 받으며 전문적인 미술 교육을 받았어.

지금 그 친구는 화가로 데뷔해서 활발한 작품 활동을 하고 있어. 이름도 본명이 아닌 필명을 따로 만들어 쓰고 있고 꾸준한 작품 활동 외에는 좀처럼 외부로 모습을 드러내지 않는다던데, 일 년에 한두 번씩 갤러리에서 전시회를 연다고 해. 그런데 아직 한 번도 가보지 못했어.

그 친구가 그린 그림 작품 속에서, 눈도 잘 못 마주치고 말도 잘 못 하고 그저 바보처럼 웃으며 내게 자신의 상처를 내밀던 착한 그 친구의 얼굴을 보게 될까 봐.

그렇게 또 내 눈물을 왈칵 쏟아버려 내 눈물이 다 아물어 이미 흉터로 남아버린 그 친구의 마른 상처를 적셔 다시 아프게 할까 봐.

내가 병원놀이세트 장난감을 무릎께에 두고 그 친구의 상처 위에 연고를 발라주고 반창고를 붙여주며 치료해주던 그 시절은 이미 다 지나가 버린 거야.

키와 머리카락과 손톱이 자라는 속도만큼, 내가 다니던

중학교와 우리가 살던 동네의 거리만큼, 우리가 꾸역꾸역 삼킨 나이만큼.

그 친구에 대해서는 여기까지만 말할게. 더 말하면 그 친구를 정말 다치게 할 것 같아서. 그러면 내 마음이 또다시 아파질 테니까.

나는 일생을 의롭게 살며 전문간호직에 최선을 다할 것을 하느님과 여러분 앞에 선서했고, 나는 인간의 생명에 해로운 일은 어떤 상황에서도 하지 않겠다고, 나는 간호의 수준을 높이기 위하여 전력을 다하겠으며 간호하면서 알게 된 개인이나 가족의 사정은 비밀로 하겠다고, 나는 성심으로 보건의료인과 협조하겠으며 나의 간호를 받는 사람들의 안녕을 위하여 헌신하기로 선서한 간호사니까.

※ ※ ※

서번트 증후군이 발생하는 사람은 자폐증을 앓는 사람 중에서 10%를 차지한대. 추측이긴 하지만, 뇌 일부분에서 어떤 손상이 있으면 서번트 증후군이 발생한다고 알려져 있어.

**8. 모자라거나 넘치거나**

손상된 좌뇌의 논리적이고 언어적이고 추상적인 기능을 보상하기 위해 우뇌는 필요 이상으로 발달을 해버리는데, 그럴 때 좌뇌의 지배를 받지 않은 자유로운 상태의 우뇌가 담당하는 감각적이고 예술적인 능력이 서번트 증후군을 앓는 사람들에게는 천재적으로 작용하는 거야.

평범한 우리는 읽는 것도 힘든 어려운 수학문제를 빠른 속도로 암산하고, 두꺼운 책 한 권의 내용을 순식간에 통째로 외워버리고, 딱 한 번 들은 곡을 기억해 완벽하게 연주하고, 특별한 훈련 없이도 정교하고 복잡한 기계들을 수리해내고, 눈앞에 보이는 풍경과 똑같은 모양으로 그림을 그리는 능력.

평범한 우리는 수십 수백 번 외워야 겨우 기억하고 익히는 그런 것들을, 특별한 그들은 카메라로 찍어내듯 머릿속에 통째로 집어 넣어버리는 거지.

하지만 아까도 말했듯이, 그건 서번트 증후군이 발생하는 추측이야. 아직 정확한 원인도, 치료법도 모르는 병을 앓는 건 분명히 슬픈 일일 거야.

내가, 내 형제가, 내 자식이 자기만의 세상 속에서 태어나 남들과 다른 삶, 남들과 다른 자기만의 세상을 산다는 건 과연 어떤 기분인 걸까.

하지만 그중에서도 10%는 축복 아닌 축복을 내려주신 건,

아마도 신이 특별한 그들을 세상에 남긴 이유이지 않을까. 원래 우리는 모두가 몇 군데 모자라거나 넘치거나 하는 완벽하지 못한 존재들이잖아. 그런 점에서 우리는 모두 같은 인간들이야.

※ ※ ※

오늘 아침에 세수하려고 욕실에 들어갔다 발견한 내 손등의 붉은 상처는 어디서 어떻게 다쳤을까. 기억도 없이 자국만 남은 상처. 물이 닿으면 그때야 쓰라린 상처.

어렸을 땐 금방 나았던 상처는 이젠 어디 조금이라도 다치면 낫질 않아. 그저 몸에 남겨진 흉터를 보면서 아팠던 기억을 토닥토닥 위로하며 살아가는 것 같아.

어릴 적부터 아픈 걸 잘 참았던 내가 어쩌면 그런 상처가 주는 고통 따위를 너무 잘 참아서, 혹은 그 시절의 상처가 내게 너무 깊숙이 새겨져서 나조차도 그 상처를 모르는 게 아닐까.

자기가 다친 줄도 모르고 사는 내가 진짜 '모자란 녀석'이
아닐까.

어쩌면, 자기만의 모자라거나 넘치는 세상을 사는 건 그
친구가 아니라 내가 아닐까.

# 9

# 이팝나무 가로수 길에서

따뜻한 바람이 불어온다.

봄은 바람이 참 좋은 계절이지. 겨울과 여름 사이, 차가운 눈길 위를 걷다 뜨겁게 달아오른 아스팔트 언덕을 마주치기 전 잠시 쉬어가는 나무 아래 벤치 같은 계절. 따스하고 보드라운 숨결 같은 계절.

얼마 전까지만 해도 두툼한 외투와 목도리, 부츠 따위로 꽁꽁 여미고 언뜻언뜻 보이던 사람들이 한결 가벼워진 옷차림으로 거리를 사뿐사뿐 걸어 다니는군.

반가워.

나는 이팝나무야.

키는 20미터 조금 넘게 자랐고, 덩치도 큰 편이지. 해마다 5월 무렵이면 머리와 가지로 하여금 새하얀 꽃을 피우기도 해. 그래서 5월 즈음이 되면 사람들이 내 허리를 끌어안거나 내 곁에 나란히 서서 포즈를 잡고 사진을 찍어.

이 씨인 임금이 내리는 흰 쌀밥을 '이밥'이라고 하던 시절,

사람들이 이밥과 고깃국을 먹고 비단옷을 입고 기와집에 사는 것이 소원이었던 조선왕조 시대에는 벼슬자리에 앉아야 임금이 내리는 '이밥'을 먹을 수 있다고 해서 내 이름이 만들어졌다고도 해. 내 꽃이 흰 쌀밥처럼 생겨서 이밥나무, 이밥나무, 하다가 이팝나무가 된 것이지. 내 꽃들이 쌀밥처럼 보일 만큼 사람들이 배고픔과 가난에 시달렸던 시절.

이름에 대한 또 다른 이야기는 꽃이 피는 시기가 5월 5일 입하(立夏) 전후여서, 입하 때 핀다는 의미로 '입하나무'로 불리다가 '이팝나무'로 변했다는 거야. 실제로 전북의 어느 마을에서는 내 이름을 '입하목'으로도 부른다니, 발음상으로만 본다면 이 이야기가 내 이름에 대해 더 신빙성이 있는지도 모르겠다.


사람들은 흔히들 나무 같은 사람이 되고 싶다고 말하곤 하지.

공부도 하지 않고, 일도 하지 않고, 힘든 일 없이 그저 밖에서 따사로운 햇살을 받고 바람을 맞으며 그 자리에 믿음직하게 그대로 서서 눈앞에 스쳐 지나가는 풍경을 바라보는 평화로운 삶.

평화.

그것이 사람들이 바라는 것으로 생각하면, 사람들의 삶이

예나 지금이나 얼마나 고단한지 또 한 번 느끼게 돼.

사람은 언제나 지금 자신에게 없는 것을 꿈꾸기 마련이니까. 그것이 밥이든, 평화든.


치열하고 고단한 삶 속에서 나무 같은 평화를 꿈꾸는 사람들. 그런 사람 중에는 내 몸뚱어리에 둘러친 도넛 모양의 둥그런 의자에 우두커니 앉아 한동안 생각에 잠겨 있다가 가는 사람도 있어.

저기 저 청년도 그런 사람 중 한 명이지.


저 사람을 처음 봤을 땐 지금과 변함없이 머리가 길어서 여자인 줄 알았는데, 얼굴과 목소리에서 남자 티가 팍팍 나더군.

처음 그 청년을 보고 나는 그림을 그리거나 음악을 하는 예술가인가 했어. 세상의 테두리에 사는 그런 사람들은 세상의 한가운데 모여 사는 보통의 사람들과 행색 자체도 좀 남다르잖아. 남자인데도 불구하고 머리를 길게 기르고, 화려한 장신구도 걸치고, 때론 영락없는 여자처럼 진한 화장을 하기도 하고.

마치, 자신은 평범하지 않은 삐딱선 인생이란 걸 세상에 알리려는 것처럼.

긴 머리의 남자라면 자신이 애써 숨기려고 해도 특유의 방탕하고 무모한 이미지가 조금은 묻어나는데, 하지만 나는 여태껏 단 한 번도 저 청년의 흐트러진 모습을 본 적이 없어. 가래침처럼 거친 욕을 거침없이 툭툭 내뱉거나 술에 잔뜩 취해서 내 옆에 아무렇게나 쓰러져 잠드는 모습 같은 것. 사람들의 인격이 형성되고 자신이 그저 이 세계를 구성하는 먼지 한 톨에 불과하다는 것을 알아채기 시작할 때부터 붙잡고 버텨야 하는 이성이라는 끈의 매듭이 스르륵 풀리는 그 순간, 사람들이 보이는 그 모습.

저 청년은 길 건너에 있는 맥줏집의 직원이야.

그는 맥줏집에서 술과 안주를 나르고 손님을 상대하지만, 자신은 절대 술을 마시지 않아. 청년의 아버지가 음주운전자가 모는 차에 부딪히는 사고로 안타깝게 목숨을 잃은 것이 큰 이유지. 어마어마한 빚을 가족에게 떠맡기고서. 청년은 술이 자신의 인생에서 무척 소중한 의미를 앗아간 거라고, 그래서 자기 자신 또한 그렇게 술을 마신다면 자기 삶의 소중한 무언가가 송두리째 사라지게 될 거라고 믿고 있는 거야.

하지만 모질게도 현실은 청년에게 아주 조금의 동정조차 섭사리 허락하지 않아. 청년의 아직 여물지 않은 능력과 단단한 현실과의 대결은 항상 현실이 이기고 말지. 지금까지 늘 그래 왔듯.

저 청년이 어떤 연유로 여기 오게 된 건지는 나도 자세히 알지 못해. 하지만 대충의 사연은 들어서 알고 있지. 저 청년도 현대의 보통 사람들처럼, 휴대폰을 갖고 다니니까.

엄마, 오늘 아버지 제사인데 못 가서 미안해. 효정아, 오빠가 이번에 등록금 많이 못 보태줘서 미안해. 욱아, 나 술 안 마시는 거 알잖아. 그래, 다음에 얼굴 한번 보자, 미안해. 죄송합니다, 금방 갚을게요. 죄송합니다, 제가 지금 밖이라서, 우편물은 그냥 현관문 앞에 두고 가세요. 죄송합니다, 금방 배달해드리겠습니다.

뭐가 그토록 미안하다는 건지.

세상에 태어나 지금껏 온통 미안하고 죄송한 일뿐인 청년. 마치 자신이 세상에 존재한다는 사실 자체가 잘못인 양 비굴한 표정으로 살아가는 청년.


청년이 일하는 맥줏집엔 다양한 손님들이 와.

그중에는 청년과 비슷한 또래의 손님들도 더러 있지. 청년은 주방과 홀을 부지런히 오가며 그들에게 맥주와 치킨 따위를 나르고, 청년 또래의 손님들은 자리에 편안히 앉아 그것을 먹는다. 청년은 늦은 밤, 벌겋게 취기에 달아오른 얼굴로 카운터에서 술값을 내고 가게를 나가는 제 또래의 손님들의 등을 향해 공손하게 꾸벅, 인사를 해. "감사합니다, 또 오세요." 맥줏집이 아닌 학교에서 만난 사이였더라면 서로 편하게 말을 놓고 가벼운 농담과 깊은 고민을 나누었을 그들.

과연 그들의 신분을 갈라놓은 것은 진정 무엇일까.

왜 청년은 자기 또래의 그들에게 음식을 갖다 줘야 하고, 또 그들은 그것이 마치 당연한 양 편안히 앉아 먹는 걸까. 왜 청년은 그들에게 존댓말을 해야 하고 또 왜 그들은 청년에게 아무렇지도 않게 반말을 내뱉는 걸까.

그것은 그저 돈이 있고 없고의 문제일까.

오늘 이 청년은 늘 그랬던 것처럼 맥주회사 이름이 크게 적힌 빨간 앞치마를 앞에 두르고, 내 주위를 둘러싼 둥그런 의자 왼편에 앉는다. 스무 살을 이제 막 지나친 듯 보이는 이 청년은 많은 일을 해. 전화를 받고 사달라는 물건을 대신 사서 갖다 주는 일, 길거리에서 전단지를 행인에게 나눠주는 일, 결혼식 하객 대행, 치킨 배달, 그리고 저녁에는 맥줏집에서 일하고.

아무리 젊어서 고생은 사서도 한다지만, 저렇게 종일 일만 해서 이 청년은 도대체 언제쯤 지친 몸을 챙기고, 여가를 누리는 걸까. 친구들과 그 흔한 식사 한번 못 하고, 대학교도 못 다니고, 극장에서 영화 한 편 마음 편히 못 보고, 보아하니 일에 매달려 연애도 못 하는 것 같아.

봄날의 햇볕이 뜨거워지는 오후 두 시. 청년은 옆구리에 끼고 있던 낡은 책 한 권을 자신의 야윈 두 무릎 위에 펼쳐놓고 그것을 한참 동안 들여다봐. 청년이 틈만 나면 펼쳐보는 책이야. 그 책을 한참 들여다보던 청년은 잠시 내 허리춤에 자신의 지친 머리를 살포시 기대. 그리고 땅이 내려앉을 만큼 깊은 한숨을 내쉬지. 청년의 부르튼 입술 사이에 불씨가 붙은 담배 개비가 물려 있었다면 그 입술 사이로 희뿌연 담배 연기가 끊임없이 뿜어져 나왔을 테지.

이보게, 청년.
세상살이가 그렇게 힘겨운가.

사실 나는 청년의 긴 머리가 처음엔 그다지 맘에 들지 않았어. 지금이 두발 제한이 있었던 70년대도 아니고, 또 직업이 무엇인들 남녀 모두 머리 기르는 건 자기 개성이라지만, 그래도 남자가 머리 기르는 것에 대해서 나는 그렇게 곱게 보이지 않더란 말이지.

하지만 청년을 오래 지켜본 결과, 나는 그의 긴 생머리에 대해서도 이내 너그러이 받아들일 수 있게 되었어. 청년은 머리카락을 자르러 미용실에 방문할 잠깐의 시간도 없었던 거야.

그래, 남자라면 뭐 굳이 시간을 내어 미용실을 찾지 않더라도 자기 집 욕실 거울 앞에 마주 서서 제 머리카락을 가위로 서걱서걱 자르거나 면도기로 박박 밀어버리면 그만이지. 하지만 청년은 그렇게 거울을 들여다보며 제 헤어스타일을 정리할 여유조차 자신에게 쉽사리 허락하지 않아. 그래서 자신도 모르는 새 대책 없이 길게 자라버린 머리칼을, 방바닥에 아무렇게나 굴러다니는 고무줄을 주워 질끈 묶어버린 거지.

그런 연유를 알고 나니, 청년의 긴 생머리에 대해서도 너그러이 이해할 수 있게 되더군.

그런데 청년은 아까부터 누군가를 의식하고 있어. 바로 내 오른편에 앉아 있는 아가씨를 보고 있었던 거야.

그래, 새하얀 머리의 이 아가씨.

아가씨를 처음 봤을 때 아가씨의 단발머리는 노란색이었어.

알아, 한국 사람 중에 원래 그렇게 샛노란 머리카락은 없다는 걸. 그 머리 또한 처음엔 여느 한국인처럼 검은색이었다가, 미용실에서 몇 번이나 독한 약을 덧바르고 물로 여러 번

헹구는 수고스러움의 결과로 만들어낸 인위적인 노란색이었겠지. 그 노란색은 노란색이 섞인 검은색이었다가, 분홍색이었다, 평범한 흑갈색이 되었다가 지금은 하얀색이 되었어.

아가씨도 청년과 비슷한 또래쯤으로 보여.

하지만 살아가는 방식은 무척 다른 듯해. 저마다 생김새가 다르듯.

처음 봤을 때는 아가씨도 그 또래 친구들처럼 대학교에 다니고 있었지. 휴대폰으로 강의, 교수님, 리포트 이런 보통의 대학생이 쓰는 단어를 일상적으로 섞으며 친구와 이야기를 나누고 있었으니까. 그런데 지금은 대학교에 다니지 않아. 어떤 사정인지는 잘 모르지만.

아가씨가 대학교 새내기 때, 캠퍼스 생활과 전공과목과 교양과목 따위에 대해 친구들과 재잘거리는 모습이 참 귀여웠는데.

아가씨는 자기 주위를 스쳐 지나가는 나이 지긋한 어르신들이 혀를 끌끌 차며 눈살을 찌푸리건 말건, 서슴없이 연두색 미니스커트 주머니 속의 담뱃갑에서 담배 개비를 하나 꺼내 입에 물고 라이터로 그 끝에 불을 붙여. 동그랗게 오므린 입술 사이로 하얀 연기가 뿜어져 나온다. 후우…. 아가씨의 가느다란 한숨 소리가 담배 연기와 함께 새어 나와.

대학교에 다닐 땐 아침에도 종종 보였는데, 요즘은 점심

때가 지나고 오후가 다 되어서야 모습을 보여.

키가 아담한 이 아가씨는, 자신의 작은 키가 콤플렉스인 모양이야. 항상 아찔하게 굽이 높은 구두를 신지. 아가씨가 굽이 낮은 플랫슈즈나 운동화를 신은 걸 본 적이 단 한 번도 없어.

자신을 꾸미기 좋아하는 이 아가씨는, 옷을 참 잘 입어. 나무의 시선으로 사람의 외모에 대해 이러쿵저러쿵 평가하는 건 우습지만, 아가씨는 옷을 어떻게 입느냐에 따라 자신이 타인의 눈에 어떤 모습으로 비치는지 잘 아는 것 같아.

아가씨는 담배를 피우면서 휴대폰으로 전화통화를 해. "진이야, 어젯밤에 만난 걔 어땠어? 며칠 계속 술 마셨더니 속 쓰려, 오늘은 안 마실래. 오늘은 집에 일찍 들어갈게요. 알았으니까 잔소리 좀 그만해. 내가 뭐가 바빠. 학교도 휴학하고 알바나 하고 있는데. 그 오빠랑은 진즉에 깨졌어. 그러게, 몇 번째냐. 연애하다 차인 거로 점수 매기면 당장 대기업 특차합격인데. 요즘은 영어공부 안 해요. 하면 뭐해요, 토익 900이어도 취업 못 하는 사람이 수두룩한데요. 꿈이요? 저… 꿈 없어요. 그런 것, 저한테는 없어요."

햇빛이 뜨거워지는 오후 두 시. 아가씨는 자신처럼 깜찍한 분홍색 가방에서 파우더를 꺼내 자신의 동그란 얼굴에 분첩을 톡톡, 두드려. 그리고 가방에서 또다시 복숭아 빛깔 립글로스를 꺼내 도톰한 입술에 그것을 덧발라. 화장품을 꺼내 바르는 아가씨 손톱이 개나리 빛깔이군. 열심히 화장에 공들인 덕분에 아가씨의 귀여운 얼굴이 아까보다 더 또렷해졌어. 동그랗고 하얀 이마 아래 깜빡거리는 속눈썹, 봉긋한 콧방울, 도톰한 복숭아 빛깔 입술이 오후의 봄 햇살에 서글프게 반짝이네.

엄마 뱃속의 완두콩알만한 아이가 세상 빛을 채 보기도 전에 딸이 아닌 아들이길 바라고, 태어나면 건강한 것은 물론이려니와 이왕이면 예쁘고 똑똑해야 하고, 학교에 다니면서부터는 성적순대로 줄을 세우고, 대학교를 졸업할 즈음이면 취업과 결혼을 고민하는 젊은이들. 그런 혼돈의 청춘 속을 사는 그들에게 무자비하게 꿈을 가지라고 외치고, 무조건 미래를 향한 정확한 목표를 세우라고 부추기는 세상.

청년에게는 꿈이 있어.

바리스타가 되는 것이 그의 꿈이야.

바리스타가 되어, 자신이 차린 자그마한 카페에서 직접 만든 커피를 손님에게 대접하는 풍경이 바로 청년이 꿈꾸는 미래야.

그래서 청년은 그렇게 고단한 삶 속에서도 틈틈이 커피에 대한 책과 바리스타 자격증 필기시험 문제집을 들여다보곤 하더군. 하지만 꿈과 현실은 그리 사이가 좋은 친구는 아니라는 것을, 그도 잘 알고 있어.

열심히 준비해 바리스타 필기시험에 붙는다 해도 그 이후에 있을 실기시험을 치르려면 학원 수업을 듣거나 카페를 운영하는 바리스타에게서 직접 개인과외를 받아야 하는데, 청년의 여건상 그건 도저히 불가능한 일이지.

그래서 일단은 바리스타 필기시험이라도 합격하기를 바라면서 그 북적이는 일상의 틈바구니에서도 열심히 책을 들여다보며 공부를 하는 것이지.

반면, 아가씨에게는 꿈이 없어.

아가씨는 운 좋게도 넉넉한 집안에 태어나 집안만큼이나 넉넉한 부모의 관심 아래 부족한 것 없이 자랐지. 갖고 싶은 인형, 공주처럼 고운 드레스, 온통 분홍색으로 물들인 혼자만의 커다란 방 그리고 발레와 그림과 피아노와 영국 유학까지…. 하지만 아가씨는 점점 자라고 철이 들기 시작하던 어느 늦은 밤, 어두운 방 안 거울에 비친 자신의 모습을 마주하고 말았어.

어린 시절, 자신이 그토록 꾸었던 수많은 꿈은 그녀에게 고작 하룻밤의 달콤한 꿈으로만 끝나버렸다는 걸. 그 찰나의 달콤한 꿈들은 이미 오래전 입안에서 녹아 사라져버린 사탕이었다는 걸. 무엇보다 자신은 그 큼지막한 꿈을 채울 수 있을 정도로 넓은 그릇이 아니라는 걸.

하고 싶은 것이 없는 삶, 그것은 어떤 의미일까.
하고 싶은 것이 있는데 그것을 이룰 수 없는 삶, 그것은 또 어떤 의미일까.

청년과 아가씨, 모두 인생의 가장 아름다운 시절을 보내고 있는 건데. 각자 그렇게 다른 이유로 무거운 한숨만 쉬고 있는 것이 참 안타까워.
꿈의 시작은 사실 그리 거창한 게 아닌데.
꿈이나 목표가 모호하다면 지금 당장 할 수 있는 작은 것들을 해보라고, 일단 몸을 좀 움직여보라고 말하고 싶어.
아직 한창이니까 저 멀리 달리고도 남아돌 정도로 체력이 받쳐줄 거야. 넘어지더라도 금방 다시 일어날 수 있을 걸세. 아직 젊으니까. 다시 벌떡 일어나 달릴 힘이 있으니까.
몸이 열심히 움직이면 마음도 그에 따라 움직이게 마련이지. 일단 그렇게 움직여보는 거야. 그렇게 움직이다 보면 어느 순간 보이는 거지. 어딘가에서 나를 따스하게 바라보고 있는 꿈. 그땐 미처 알지 못했지만, 태어나면서부터 아주 가까운 곳에서 나를 지켜보고 있었던 꿈. 여태 눈에 띄지 않았지만, 오래전부터 내게로 곧게 뻗어있던 그 길.

　그런데… 내 왼쪽에 앉은 청년은 아까부터 계속 나의 등치 너머 오른편에 앉아 있는 아가씨를 흘끔거리고 있어.

　그렇군. 청년은 아가씨에게 관심이 있는 모양이야.


※ ※ ※


　이 시간이면 찐빵처럼 생긴 늙은 개를 목줄을 끌고 나와 저 건너편 벤치에 앉아 해바라기를 하는 노인이 있어. 오늘도 어김없이 보이는군. 노인은 벗어진 머리를 주름진 손으로 한번 쓰윽, 쓸어 넘기곤 같은 동작으로 자신의 발치에 앉은 개의 동그란 머리를 보드랍게 쓰다듬어. 저 노인은 계절에 상관없이 거의 매일 이맘때가 되면 개를 데리고 산책을 나오곤 하지. 꽃바람이 여인의 치맛자락처럼 살랑살랑 부는 날, 뼈가 흐물흐물 녹을 것만큼 더운 날, 낙엽이 나무의 눈물처럼 뚝뚝 떨어져 거리 위에 쌓이는 날, 메마르고 시린 바람이 아프게 볼을 스치는 날. 노인의 수많은 하루하루, 어쩌면 얼마 남지 않았을지도 모르는 하루하루.

저 노인과 개를 본지도 꽤 오래되었는데. 나는 언제까지 저 둘을 볼 수 있을까. 언제까지 저 노인이 개의 머리를 쓰다듬는 광경을 볼 수 있을까. 나는 그 이후로도 이곳에 오래오래 서 있을 테지만.

노인과 개가 머물러 있는 벤치 앞으로 큰 종이컵을 한 손에 들고 또 다른 한 손으로는 휴대폰을 들여다보며 잰걸음으로 걸어가는 남자가 보인다. 말쑥한 남색 양복을 입고 자주색 체크무늬 넥타이를 야무지게 멘 그 남자는 앞도 살펴보지 않고 손에 들린 휴대폰 화면만 들여다보며 걷네. 또 다른 한 손에 들려 있는 종이컵에는 분명 뜨거운 커피가 담겨 있을 텐데…. 조심해. 그렇게 앞길을 제대로 내다보지 않고 휴대폰의 작은 화면으로만 세상을 바라보며 걷다간 큰일이 나고 말지.

단발머리에 교복을 입은 어린 여학생이 무거워 보이는 큼지막한 책가방을 짊어지고 길을 터벅터벅 걸어가는 모습이 보여. 분명 며칠 전까지 긴 소매 블라우스에 남색 조끼와 치마를 입고 있었는데, 오늘은 반소매 블라우스와 파랑색 치마를 입었군.

그나저나 이 시간에 교복 입은 아이들이 보이는 일은 드문데. 그리고 보니 자그마한 저 학생은 어딘가 아파 보여. 얼굴이 새하얗다 못해 핏기없이 창백하구나. 아파서 조퇴하고 오늘 수업을 채 마치지 못하고 학교를 빠져나온 모양이야. 어디가 아프니, 아가.

※ ※ ※

내 왼쪽의 청년은 아직도 내 오른쪽의 아가씨를 흘끔거리기만 할 뿐, 다가가지 못하고 있어. 아가씨가 이따금 고개를 들면 청년은 괜히 딴청을 피워. 그 모습에 나는 그만 웃음이 터져버렸어. 어이쿠, 그 바람에 꽃잎들이 제법 휘날리는군.

이봐, 청년.
그렇게 보고만 있지 말고 오늘은 아가씨에게 다가가 다정한 말 한마디라도 좀 걸어봐. 벌써 이렇게 마주친 지도 꽤 오래되지 않았나. 언제까지 그렇게 보고만 있을 거야.
하지만 나는 청년에게 그런 말을 하지 못해. 나는 이팝나무야. 나무는 사람의 언어를 구사할 수 없으니, 이렇게 그저 바라만 볼 수밖에.

앞길이 창창한 젊은이가 가을바람에 힘없이 떠도는 모기처럼 꾹꾹 짓눌려 사랑도 꿈도 모두 포기하려고 하는 건지…. 결국은 실패하더라도 일단은 저질러보는 것도 방법인데 말이야.

그리고 사실, 젊은 시절에는 사랑에 한 번쯤 실패하더라도 그 나이 땐 오로지 그 시련 하나만으로 쉽사리 무너지지 않아. 당장은 아프고 괴롭더라도 그것을 극복하면 후에 더 큰 사랑을 만날 수 있고 또 그때쯤이면 그것을 끌어안을 만큼의 단단한 힘이 생길 것이니, 젊은 시절에 진정한 의미의 실연은 없네.


아가씨는 자신은 꿈이 없다고 습관처럼 되뇌곤 하지만, 자세히 그녀를 관찰해보면 아가씨는 뭔가를 계속 하고 있다는 걸 알 수 있지.

그래, 아가씨는 글을 쓰고 있어.

아가씨는 글 쓰는 것을 좋아하는 모양이야.

담배는 다 피운 모양인지, 짧아진 꽁초를 복숭앗빛 입술 사이에서 빼내 사뿐사뿐 걸어 저만치 서 있는 양철 휴지통에 집어넣곤 다시 자리로 돌아와 앉아 뭔가를 끼적여.

아가씨는 휴대폰으로 글을 쓰고 있어.

요즘 휴대폰 속의 세상은 나이가 이백 살도 더 넘게 먹은 나는 사실 잘 이해하지 못하는 세상이야. 요즘 사람들에게 그 속의 세상은 무척 재미있고 중요한 것이 담겨 있는 모양이야. 주위는 돌아보지 않고 종일 그 조그맣고 네모난 그것만 만지작거리고 들여다보고 있으니.

아가씨의 머리 위로, 아가씨가 휴대폰 화면에 열심히 쓰고 있는 글을 구경한 적이 있어.

노랫말 같기도 하고, 시 같기도 하더군.

그렇게 휴대폰 자판을 두드리며 쓰다 지우고, 또 지우다 다시 쓴 글을 어딘가에 올리면 누군가는 그 아래 그에 대한 간략한 감상문을 몇 줄 써주곤 하지.

내가 보기에 아가씨는 그쪽 길로 조심스레 발걸음을 옮겨 보면 어떨까 싶은데. 무엇보다 자신이 좋아하는 일은 오래 할 수 있고, 또 좋아하는 일을 오래 하다 보면 잘할 수도 있지 않은가 말이지. 그러면 당장 지금은 자신의 글에 관심을 가져주는 사람이 없어도, 그 오랜 시간만큼 내공이 쌓여 그 글을 좋아하는 사람 또한 생길 테니까.

청년은 아직도 아가씨를 힐끔거리고만 있네. 질끈 묶은 자신의 긴 머리가 느슨하게 풀리고 있는지도 모르고.

나는 그 두 사람을 지켜보면서 그런 상상을 하곤 해.

아가씨와 청년이 만나게 된다면 어떨까.

지금 당장은 아니더라도, 이렇게 오늘처럼 햇살이 거리를 포근하게 감싸는 봄날 다시 마주친다면 말이야.

청년은 몇 년 후, 카페 사장이 돼.

번화가 한가운데에 있는 으리으리하고 번쩍이는 화려함으로 가득 찬 카페가 아니라, 골목 모퉁이에 자리 잡은 소박하고 정겨운 조그만 카페. 지금 청년이 일하는 시끌벅적하고 어둡고 큰 맥줏집과는 비교도 할 수 없을 만큼 완전히 다른 분위기의 조용하고 밝고 아담한 카페. 그곳에서 청년은 손님에게 자신이 직접 만든 커피와 조각케이크를 대접하지.

그러던 어느 봄날, 아가씨가 그 카페를 찾아와.

그 아가씨의 머리는 지금의 하얀색이 아닌, 가을날의 바람을 닮은 차분한 갈색으로 물들였고, 복숭앗빛 립글로스를 바른 앳된 입술은 진한 앵두 빛깔 립스틱을 바른 어른스런 입술로 변해버렸지만, 청년은 그 아가씨가 문을 열고 카페를 들어서는 순간, 그녀를 알아봐.

어떻게 그 모습을 잊을 수 있었겠어. 지금도 청년의 마음이 그 아가씨를 향해 온통 물든 것이 빤히 보이는데. 그렇게 제 마음을 애틋한 분홍빛으로 물들여버린 사람은 오랜 세월이 흐른다 해도 잊히지 않지.

하지만 아가씨는 청년을 처음에는 알아보질 못해. 몇 년

전, 이팝나무 가로수 길에서 그저 수차례 스쳐 가기만 했을 뿐이었던 남자를 한눈에 알아보지 못하는 건 어쩌면 당연한 일이야.

아가씨는 카페 창가 자리에 자리를 잡고 앉아. 청년은 여전히 떨리는 마음으로 아가씨에게 다가가 말을 걸어.

"뭐 주문하시겠어요?" 청년은 혹시나 하는 기대감을 품고 있지. 청년이 아가씨에게 말을 걸어본 건 처음인데도.

"카페라테 주세요" 아가씨가 청년을 올려다보며 말해. 청년은 아가씨의 그 총명한 눈빛과 그 조그만 입술의 미세한 움직임까지도 다 기억해. 어느 봄날, 청년이 일하던 맥줏집 앞의 이팝나무 가로수 길에서 마주쳤던 그녀를. 아가씨가 앉아 있던 이팝나무의 둥근 의자와 아가씨의 새하얗던 머리색깔과 아가씨가 뭔가를 열심히 끼적이곤 하던 휴대폰 그리고 그녀의 부지런한 손가락의 움직임까지.

청년은 카운터 겸 주방으로 돌아가서 그녀를 위한 카페라테를 만들어.

진한 에스프레소에 부드러운 우유를 섞은 카페라테를. 에스프레소 위에 우유 거품으로 하트를 그리면서 청년은 그 카페라테에 아가씨를 향한 마음을 몰래 담아.

그동안 그리웠다고, 많이 보고 싶었다고. 이렇게 다시 만나 반갑다고. 눈물이 날 만큼, 좋다고.

**9. 이팝나무 가로수 길에서**

아가씨는 시인이 되었어.

자신의 트위터와 페이스북에 자신이 만든 글귀를 올렸고, 아주 조금 열어둔 수도꼭지에서 지치지 않고 새어 나오는 물방울처럼 꾸준히 올렸던 그 글귀들이 어느덧 사람들의 마음에 스며들어 비로소 그들의 마음에 물결을 일으킨 것이지.

청년은 아가씨에게 다가가. 구름처럼 몽글몽글한 하트가 사뿐 그려진 카페라테를 들고서. 그리고 아까 썼던 쪽지를 찻잔과 함께 조심스레 건네.

오래전, 이팝나무 가로수 길에서 당신을 봤어요.
이팝나무 꽃처럼 새하얗게 빛나는 당신을요.
다시 만나게 되어서 기뻐요.

그때야 아가씨는 청년을 기억해내.

오래전 봄날의 거리, 이팝나무 건너편 의자에 앉아 있던 그 긴 머리의 사내를.

맥주 로고가 선명한 빨간 앞치마를 두르고 지친 눈빛으로 찬란한 하늘을 올려다보던 깡마른 청년을.

애써 외면하고자 했지만 자연스레 눈에 들어오던, 자기 또래의 착한 몸짓의 그 남자를.

그 이후, 아가씨는 날마다 그 카페를 찾아와서 글 작업을 해. 다른 이들에겐 글쓰기 위한 작업을 하려고 오래 머물 편안한 카페를 찾다가 우연히 그곳을 발견한 거라고 말하지만, 아가씨도 청년에게서 특별한 끌림을 느꼈던 거야.

오래전 꿈을 꾸고 싶었으나 꿈을 믿지 못했던 새하얀 머리의 어리고 철없었던 자신을 기억하는, 그 남자에게 말이지.

어때. 내가 그리는 상상의 풍경이.

그렇게 꽤 오랜 시간이 흘러 단단히 익은 모습으로 다시 만나는 것 또한 눈부신 장면이지 않나.

하지만 굳이 그렇게 오랜 시간이 걸리지 않아도 될 것 같아.

아가씨가 휴대폰으로 글을 쓰다가 심심해진 모양인지 의자에서 일어서서 휴대폰을 앞으로 들어 사진을 찍어. 찰칵찰칵, 카메라 셔터를 누르는 소리가 연달아 들리네.

그렇군. 아가씨는 나와 함께 사진을 찍고 싶은데, 그 휴대폰에 담기는 사진이 아가씨 맘에 영 차지 않는 모양이야.

그래, 내 머리 위의 하얀 꽃들과 함께 사진을 찍으려면 누군가의 도움이 필요하지. 그래서 가족이나 친구들은 서로의 사진을 찍어주는데, 혼자서는 아무리 팔을 앞으로 길게 뻗고 셔터를 여러 번 눌러봤자 도저히 그 사진을 찍지 못해. 봄에 만나는 보송보송한 눈송이처럼, 그저 바라보기만 해도 가슴이 떨리는 새하얀 이팝나무 꽃과 함께한 그 사진을. 아가씨는 지금 그 존재가 절실하게 필요한 거야. 이팝나무와 함께한 자신을 사진으로 남겨줄 그 누군가가.

지금이 아니면 꽃은 이내 지고 말 테니. 지금이 아니면 봄은 순식간에 흘러가 버릴 테니.

왼쪽의 청년이 머뭇거리다 이내 결심을 하곤, 오른쪽의 아가씨에게 다가가 조심스럽게 말을 걸어.

"사진, 찍어드릴까요?"

이팝나무 아래 두 사람의 눈이 마주친 순간.

내 머리 위 이팝나무 새하얀 꽃이 오직 그 두 사람만을 위해 바람에 나부끼는 순간.

"혼자 사진 찍기 힘드신 것 같아서요. 제가 찍어드릴게요."

아가씨는 자신에게 성큼 다가와 착한 목소리로 말을 걸고 있는 그 청년을 잠시 그렇게 바라봐. 긴 머리를 질끈 묶은, 어린 시절 자신이 꿈꾸었던 동화 속 왕자님과는 거리가 멀지만 왠지 모르게 마음이 끌리는 그 청년을.

"네, 그럼… 부탁드릴게요."

아가씨가 제 손에 들고 있던 휴대폰을 조심스럽게 청년에게 건네. 빨간 앞치마를 두른 청년은 아가씨가 보기에도 사진 찍어준답시고 남의 휴대폰을 건네받아 그것을 들고 냅다 뛸 사람은 아닌 것 같아 보이니까. 계집애가 무슨 담배를 피워, 조신하지 못하게. 순간, 아가씨가 수없이 들었던 누군가의 목소리가 머릿속에서 들려. 평소엔 그런 말 따위에 전혀 신경 쓰지 않지만 휴대폰을 청년에게 건네는 그 순간, 자기 손끝에 배어있는 담배 냄새가 혹시라도 그에게 닿을까 봐 마음 졸여. 한편, 청년은 아가씨가 그녀보다 머리카락이 긴 자신에게 불쾌함을 느낄까 봐 초조해하지. 계집애도 아니고, 뭔 놈의 사내자식이 재수 없게 머리를 이렇게 길게 길러? 맥줏집에서는 간혹 그에게 그런 식으로 괜한 시비를 거는 사람들이 있으니까.

아가씨는 내 앞에 얌전히 서서 두 손을 다소곳이 모으고 생긋, 웃어. 청년이 휴대폰 화면에 비친 아가씨의 모습을 가만히 바라봐. 여행가방을 어깨에 메고 먼 길을 떠나기 전, 막막하고 아득하면서도 설렘이 묻어나는 표정을 한 그녀를. 매일 이른 새벽, 집을 나서기 전 어른거리는 욕실 불빛 아래 거울 앞에서 수없이 마주했던 자신과 닮은 표정을 짓는 그녀를. 청년이 잠시 그 모습을 바라보다가 휴대폰 너머 그 아가씨를 향해 셔터를 눌러.

찰칵.

사진이 휴대폰에 담기는 소리. 청년이 아가씨에게 한 걸

**9. 이팝나무 가로수 길에서**

음 더 가까이 다가가는 소리. 막막하고 설레고 아득했던 두 사람의 마음이 비로소 서로에게 한 발짝 가까워지는 소리.

느슨하게 풀어져 있던 청년의 긴 머리가 결국 툭, 풀어진다. 청년의 긴 머리가 풀어지는 순간, 아가씨가 그 모습을 보고 하얀 이를 드러내고 웃음을 터뜨린다. 청년은 한 번 더 셔터를 눌러. 이팝나무 아래, 아가씨의 싱그러운 미소가 고스란히 사진 속에 담겨.

새하얀 이팝나무 꽃그늘 아래 미소를 짓고 있는 아가씨 그리고 그렇게 자신을 향해 눈부시게 빛나는 그녀를 바라보며 이미 거스를 수 없이 사랑에 빠진 청년.

아가씨와 청년은 서로에게 다가가 어색하게 다시 인사해.

"고맙습니다. 여기, 머리끈 떨어졌어요."

"아, 감사합니다."

그들은 눈을 맞추고 미소를 지으며 아가씨가 주운 청년의 머리끈과 청년이 들고 있는 아가씨의 휴대폰을 서로에게 건네. 그리고 그 둘은 어색한 인사 후, 서로의 갈 길을 가. 청년은 맥줏집으로, 아가씨는 버스정류장으로.

오늘의 짧았던 만남은 아쉬웠지만, 늘 그랬듯 그들은 조만간 또 이곳 이팝나무 가로수 길에서 다시 만나게 될 거야.

과연 시간이 흐른 뒤, 나는 내가 꿈꾸는 그대들의 미래를 오롯이 볼 수 있을까.

아가씨는 그때도 담배를 피우며 SNS에만 글을 쓰고 있을까. 청년은 그때도 머리를 길게 기르고 쉴 새 없이 일하고 있을까.

아니야.

아닐 거야.

아가씨는 진짜 작가가 되어 때론 마감의 압박에 시달리며 행복한 감옥 속에서 글을 쓰는 고단한 기쁨을 누릴 테고, 청년은 머리를 깔끔하게 다듬고 멋진 바리스타가 되어 자신의 카페에서 매달 매출을 정산하는 두통을 겪으며 여유롭게 일하는 기쁨을 누릴 거야. 그리고 그들은 사랑을 할 거야.

그것이 바로 그들이 원하는 꿈이자 미래니까.

부정적으로 생각해서 좋을 것 무엇 있나. 저만치 보이는 미래가 자신이 원하는 대로 밝게 빛나면 더할 나위 없지 않겠어. 특히나 저렇게 앞으로 걸어갈 길이 아득히 먼 젊은이들은 더더욱.

바람이 불어와.

내 새하얀 꽃잎이 따사로운 바람에 휘날려.


벤치에 앉아 거리 위로 텅 빈 시선을 힘없이 던지던 노인은 흰둥이를 데리고 어딘가로 또다시 걸음을 터벅터벅 옮긴다. 종이컵과 휴대폰을 들고 바삐 걷던 남자와 교복 입은 여

학생이 지나간 길 위로 이따금 사람들의 발자국이 어지러이
엉켜.

그리고 그 아가씨와 청년은 머지않아 이 길에서 또다시
마주칠 거야. 여름이 오기 직전의 따뜻한 이곳, 이팝나무 가
로수 길에서.

봄은 시작하기 좋은 계절이지.
신이 계절의 첫 번째 순서를 봄으로 정한 것도 어쩌면 그
런 의미가 담겨서일지도 몰라. 첫 학기를 시작하고, 여름휴
가 때 떠날 여행준비를 시작하고, 연애를 시작하고.

당신도 어서 시작해.
공부든, 여행이든, 사랑이든.
자신의 삶을 한층 더 눈부시게 빛내줄 것이라면 무엇이든
지. 열정적인 여름이 다가와 온 대지와 하늘을 뜨겁게 달구
기 전에.

지금이 아니면 꽃은 이내 지고 말 테니.
지금이 아니면 봄은 순식간에 흘러가 버릴 테니.